AF318886

PENSEURS LIBRES

ET

LIBERTÉ DE PENSÉE

PAR

L. DUGAS

Agrégé de philosophie, docteur ès lettres.

PARIS

LIBRAIRIE FÉLIX ALCAN

108, BOULEVARD SAINT-GERMAIN, 108

PENSEURS LIBRES

ET

LIBERTÉ DE PENSÉE

DU MÊME AUTEUR

LIBRAIRIE FÉLIX ALCAN

BIBLIOTHÈQUE DE PHILOSOPHIE CONTEMPORAINE

L'amitié antique, *d'après les mœurs populaires et les théories des philosophes. Deuxième édition.* 1 vol. in-8 . . . . . 5 fr.

Le psittacisme et la pensée symbolique. 1896. 1 vol in-16,
2 fr. 5o

La timidité. *Étude psychologique et morale.* 6e édit., revue. 1913. 1 vol. in-16. . . . . 2 fr. 5o

Psychologie du rire. 2e édit., revue et augmentée. 1910. 1 vol. in-16. . . . . 2 fr. 5o

L'absolu. 1904. 1 vol. in-16. . . . . 2 fr. 5o

Le problème de l'éducation. 2e édit., revue. 1911. 1 vol. in-8,
5 fr.

L'éducation du caractère. 1912. 1 vol. in-8. . . . 5fr.

L'année pédagogique. En collaboration avec L. CELLÉRIER. *Première année, 1911,* et *Deuxième année, 1912,* chacune 1 vol. in-8. . . . . 7 fr. 5o

La dépersonnalisation, en collaboration avec F. MOUTIER, docteur en médecine, licencié ès sciences. 1911. 1 vol. in-16
2 fr. 5o

PENSEURS LIBRES

ET

LIBERTÉ DE PENSÉE

PAR

L. DUGAS

Agrégé de philosophie, docteur ès lettres.

MONTAIGNE. — DESCARTES
STUART MILL. — EDMUND GOSSE
DISSOLUTION DE LA FOI
PROTESTANTISME ET LIBRE PENSÉE

PARIS

LIBRAIRIE FÉLIX ALCAN

108, BOULEVARD SAINT-GERMAIN, 108

—

1914

AVANT-PROPOS

Ces études biographiques, qu'on réunirait bien sous le titre d'*Avènement à la vie personnelle*, partent d'un même esprit, rentrent sous un même point de vue, aboutissent à une même conclusion, et cela seul suffit à en justifier le rapprochement. Leur diversité même est instructive. Elles montrent en effet que l'éducation, à quelque système qu'elle se rattache, quels que soient les esprits auxquels elle s'adresse, aboutit toujours à une impasse ou plutôt à un terme naturel : elle cesse, et doit cesser, quand la personnalité apparaît, quand l'enfant devient homme. L'éducation ne saurait épargner à personne le soin de diriger sa vie, de prendre la responsabilité de ses actes, de se rendre maître de soi, d'organiser ses croyances, de jeter les bases de son caractère. Son objet principal, à vrai dire, unique, est la formation de la personnalité, ce mot étant pris dans le sens le plus étendu et le plus plein ; et sa valeur se mesure à sa conformité avec cet objet. Mais, en fait, l'éducation prépare ou retarde, selon les cas, sans jamais produire ni empêcher entièrement, l'avènement de la personnalité ; c'est même l'échec de l'éducation, au sens ordinaire et commun du terme, qui, en la majorité des cas, constitue l'éducation vraie ; la prise de possession de soi est une réaction contre les influences subies, une révolte contre une autorité qui, en se prolongeant, devient illégitime. Il est rare, en effet, que l'éducation abdique à temps son pouvoir. C'est donc le problème des rapports entre le devoir de l'éducation et les droits de l'individu qui se trouve ici posé. On a montré les conflits auxquels il donne lieu, laissant au lecteur le soin de tirer la leçon qui se dégage de ces exemples. Toute éducation qui sort de ses limites naturelles est vouée à un échec certain. Mais quelles sont ces limites ? C'est ce que nous n'aurions su dire ; mais c'est ce que nous enseignent ici par leurs leçons et leur exemple Montaigne, Descartes, Stuart Mill et Edmund Gosse.

A ces biographies nous avons joint une étude sur la *Dissolution de la foi,* qui s'accorde avec ce que nous avons dit de l'évolution religieuse d'E. Gosse.

PENSEURS LIBRES ET LIBERTÉ DE PENSÉE

PREMIÈRE PARTIE

L'AVÈNEMENT A LA VIE PERSONNELLE
PENSEURS LIBRES ET INDÉPENDANTS

CHAPITRE PREMIER

LA FORMATION
D'UN LIBRE ESPRIT PAR UNE ÉDUCATION SANS CONTRAINTE.

MONTAIGNE

Nous ne voulons pas étudier ici (nous l'avons fait ailleurs[1]) les idées de Montaigne en éducation, mais chercher quelle fut son éducation à lui, et quelle influence elle eut sur son caractère, sur son esprit et sur ses idées même en matière d'éducation. Les *Essais* fournissent sur cette éducation des renseignements abondants et précis ;

[1]. *Le Problème de l'éducation*, Paris, F. Alcan.

Montaigne en parle avec une complaisance visible et en vante les bienfaits ; essayons, sans autres documents, de la reconstituer et de la juger.

Il ne semble pas à première vue que le père de Montaigne ait eu en éducation des idées bien arrêtées ou systématiques. Il avait seulement un grand souci de l'éducation de son fils et voulait qu'elle fût parfaite. Il consulta là-dessus les personnes compétentes, mais il n'adopta leurs avis que lorsqu'ils s'accordaient avec ses sentiments. Il écouta ceux qui, « entre autres choses », lui conseillèrent, dit Montaigne, « de me faire goûter la science et le devoir par une volonté non forcée, et de mon propre désir, et d'élever mon âme en toute douceur et liberté, sans rigueur et contrainte : je dis jusques à telle superstition que, parce qu'aucuns tiennent que cela trouble la cervelle tendre des enfants de les réveiller le matin en sursaut, et de les arracher du sommeil (auquel ils sont plongés beaucoup plus que nous ne sommes) tout à coup et par violence, il me faisait éveiller par le son de quelque instrument ; et ne fus jamais sans homme qui m'en servît. Cet exemple suffira pour en juger le reste, et pour recommander aussi et la prudence et l'affection d'un si bon père ; auquel il ne se faut prendre s'il n'a recueilli aucuns fruits répondant à une si exquise culture »[1].

Deux traits caractérisent cette éducation : la tendresse et l'absence de contrainte. Elle a uniquement pour base l'affection et compte pour vain et méprisable tout résultat qu'elle ne pourrait obtenir de la bonne volonté de l'enfant. Elle réalise le type de l'éducation attrayante et libérale dont la forme extrême serait l'éducation négative. Si le père de Montaigne avait été logique, s'il avait poussé jusqu'au bout ses principes, il eût affranchi son fils de la sujétion des maîtres et de toute discipline, il l'eût laissé s'élever de lui-même, selon sa nature ; il n'alla point jusque-là (il fallait bien laisser quelque chose à trouver à Rousseau), mais du moins il choisit à son fils des maîtres selon ses vues. « Les principales parties que mon père cherchait à ceux à qui il donnait charge de moi, c'était la débonnaireté et facilité de complexion. » Les méthodes recommandées à ces maîtres et suivies par eux furent aussi systématiquement les plus douces. Montaigne apprit ce qu'apprenaient les enfants de son âge, à savoir « le grec et le latin », mais il l'apprit autrement, d'abord à la maison, non au collège, ensuite (pour ce qui est du latin) par

1. *Essais*, I, ch. **xxv**, *sub fin.*

l'usage, par la méthode directe, comme on dirait aujourd'hui, celle qui prend le moins de temps et coûte le moins de peine. « Sans art, sans livre, sans grammaire ou précepte, sans fouet, et sans larmes, j'avais appris (à six ans) du latin tout aussi pur que mon maître d'école le savait ; car je ne le pouvais avoir mêlé ni altéré. » On sait « l'expédient » imaginé par le père de Montaigne pour obtenir à son fils, à « meilleur marché que de coutume », la connaissance du latin.

Ce fut qu'en nourrice et avant le premier dénouement de ma langue, il me donna en charge à un Allemand, qui depuis est mort fameux médecin en France, du tout ignorant de notre langue, et très bien versé en la latine. Cettuy-ci, qu'il avait fait venir exprès et qui était bien chèrement gagé, m'avait continuellement entre les bras. Il en eut aussi avec lui deux autres moindres en savoir, pour me suivre et soulager le premier ; ceux-ci ne m'entretenaient d'autre langue que latine. Quant au reste de sa maison, c'était une règle inviolable que ni lui-même ni ma mère ni valet ni chambrière ne parlaient en ma compagnie qu'autant de mots de latin que chacun avait appris pour jargonner avec moi. C'est merveille du fruit que chacun y fit : mon père et ma mère y apprirent assez de latin pour l'entendre et en acquirent à suffisance pour s'en servir à la nécessité, comme firent aussi les autres domestiques qui étaient plus attachés à mon service. Somme, nous nous latinisâmes tant qu'il en regorgea jusques à nos villages tout autour, où il y a encore, et ont pris pied par l'usage, plusieurs appellations latines d'artisans et d'outils. Quant à moi, j'avais plus de six ans avant que j'entendisse non plus de françois ou de périgordin que d'arabesque.... Mes précepteurs domestiques m'ont dit souvent que j'avais le langage (latin) en mon enfance si prêt et si à main que.. Nicolas Grouchy, qui a écrit *de Comitiis Romanorum*, Guillaume Guérente, qui a commenté Aristote, Georges Buchanan..., Marc Antoine Muret... craignaient à m'accoster.

Quant au grec, duquel je n'ai quasi du tout point d'intelligence, dit Montaigne, mon père desseigna me le faire apprendre par art, mais d'une voie nouvelle, par forme d'ébat et d'exercice : nous pelotions nos déclinaisons, à la manière de ceux qui, par certains jeux de tablier, apprennent l'arithmétique et la géométrie[1].

Ainsi, dans cette éducation, l'instruction devait être acquise avec le minimum d'effort ; bien plus, elle était donnée sous la forme attrayante et présentée comme un jeu. Les résultats furent et ne pouvaient être qu'heureux. Montaigne approuve sans réserves une telle institution ; il la juge aussi judicieuse et sage qu'affectueuse et tendre. Il reconnaît pourtant que, d'une façon générale, les « fruits ne furent pas répondants à la culture ». « Deux choses, dit-il, en furent cause » : la nature de l'élève et l'abandon de la méthode, d'abord si heureusement suivie.

1. *Essais, loc. cit.*

Montaigne est persuadé (ou feint de l'être) que l'éducation qu'il reçut fut en tout la meilleure. Si elle ne réussit pas mieux, il n'en faut accuser, dit-il, que « le champ stérile et incommode »; car j'étais « pesant, mol et endormi; on ne me pouvait arracher de l'oisiveté », même « pour me faire jouer ». J'avais l'esprit « lent, l'appréhension tardive, l'invention lâche, et, après tout, un incroyable défaut de mémoire. De tout cela ce n'est pas merveille si (mon père) ne sut rien tirer qui vaille ». Montaigne ne dit pas toute la vérité. Si on passe en revue les défauts qu'il avoue, on voit qu'ils se ramènent à un seul : la mollesse. Ne sont-ils pas, au moins pour une part, l'effet de son éducation même, trop affadissante, trop gâteau? Comme on ne lui demande aucun effort, il se relâche, s'abandonne, n'apprend rien à fond et finalement ne retient rien. Et cependant on peut le croire, quand il déclare qu'il était un enfant bien doué. « Ce que je voyais, je le voyais bien et, sous cette complexion lourde, je nourrissais des opinions hardies et des opinions au-dessus de mon âge. » Ne faut-il pas, dès lors, pour être dans le vrai, prendre la contre-partie de l'opinion de Montaigne et dire : Ce n'est pas merveille qu'une éducation amollissante ait fait d'un esprit si remarquable un esprit lent, un endormi, un lourdaud?

La seconde raison pour laquelle Montaigne estime que son éducation a trompé les espérances de son père est que celui-ci ne resta pas fidèle au système qu'il avait adopté : « le bon homme, ayant extrême peur de faillir en chose qu'il avait tant à cœur, se laissa enfin emporter à l'opinion commune... et se rangea à la coutume, n'ayant plus autour de lui ceux qui lui avaient donné ces premières institutions, qu'il avait apportées d'Italie .» Il se décida à envoyer son fils au collège de Guyenne. Le collège gâta tout.

C'est en vain qu'on y obtint pour l'enfant un traitement de faveur, qu'on lui donna des maîtres particuliers, dits « précepteurs de chambre »; le collège avait beau être aussi « très florissant pour lors et le meilleur de France;... mais tant y a que c'était toujours collège. Mon latin s'abâtardit incontinent, duquel depuis par désaccoutumance j'ai perdu tout usage ; et ne me servit cette mienne inaccoutumée institution que de me faire enjamber d'arrivée aux premières classes; car, à treize ans que je sortis du collège, j'avais achevé mon cours (qu'ils appellent) et, à la vérité, sans aucun fruit que je pusse à présent mettre en compte ».

Ainsi, dans cette éducation, tout est paradoxal : tandis que les autres enfants s'instruisent au collège, Montaigne y désapprend ce qu'il sait. Il n'y a rien là que de naturel : savoir une langue par l'usage n'est pas la savoir par principes, à la mode des collèges ; l'un non seulement ne mène pas à l'autre, mais encore y peut nuire et l'avance que le père de Montaigne croyait avoir donnée à son fils se trouva en fait plus apparente que réelle ; d'autant qu'on ne se résignait pas à perdre le bénéfice de cette avance supposée, à laisser le petit Montaigne avec des enfants de son âge et qu'on compromettait le succès de ses études en les rendant prématurées.

Si l'on veut juger d'une façon complète les effets de l'éducation que Montaigne reçut de son père, il convient de distinguer le côté intellectuel et le côté moral de cette éducation. Mais notons d'abord ceci que Montaigne n'a jamais mis en doute la valeur de cette éducation, l'a constamment tenue pour la meilleure qui pût être et n'a fait que l'ériger en règle, la proposer pour modèle, lorsqu'il a traité lui-même de l'éducation en général. S'il faut mesurer la valeur d'une éducation à la reconnaissance qu'elle inspire à ceux qui l'ont reçue, on ne saurait avoir pour celle de Montaigne une trop grande estime. Montaigne eut en effet pour son père le respect et l'affection qu'il devait avoir et qu'il eut rarement envers d'autres personnes, car il n'était point respectueux et sentimental de sa nature.

Lui-même n'a pas donné à sa fille une éducation différente de la sienne propre, agissant en cela par inclination et par principes.

J'accuse toute violence, dit-il, en l'éducation d'une âme tendre, qu'on dresse pour l'honneur et la liberté. Il y a je ne sais quoi de servile en la rigueur et en la contrainte ; et tiens que ce qui ne se peut faire par la raison, et par prudence et adresse, ne se fait jamais par la force. On m'a ainsi élevé : ils disent qu'en tout mon premier âge, je n'ai tâté des verges qu'à deux coups et bien mollement. J'ai dû la pareille aux enfants que j'ai eus ; ils me meurent tous en nourrice ; mais Léonor, une seule fille qui est échappée à cette infortune, a atteint six ans et plus, sans qu'on ait employé à sa conduite et pour le châtiment de ses fautes puériles (l'indulgence de sa mère s'y appliquant aisément) autre chose que paroles, et bien douces ; et, quand mon désir y serait frustré, il est assez d'autres causes auxquelles nous prendre, sans entrer en reproche avec ma *discipline, que je sais être juste et naturelle.* J'eusse été beaucoup plus religieux encore en cela avec des mâles, moins nés à servir et de condition plus libre ; j'eusse aimé à leur grossir le cœur d'ingénuité et de franchise. Je n'ai vu autre effet aux verges, sinon de rendre les âmes plus lâches ou plus malicieusement opiniâtres[1].

Du point de vue moral, auquel Montaigne ici se place, l'éducation libérale, c'est-à-dire l'appel

1. *Essais,* II, ch. VIII.

aux bons sentiments sans nul recours à la force, le *rationabile obsequium,* serait donc justifiée : elle serait le principe et la sauvegarde de toute dignité intérieure, de toute fierté.

Mais n'est-il pas d'autres vertus qu'elle manquerait à développer, ne serait-elle pas « négative » à d'autres égards? Assurément, et c'est ce que Montaigne reconnaît. Mais il se console, si on peut dire, des vertus qui lui manquent par la pensée des vices dont il est exempt. Il avoue que son éducation put pécher par défaut, qu'elle put manquer à avoir tels ou tels effets, mais que du moins elle fut inoffensive, qu'elle n'eut pas de mauvais effets. En raison de la bienveillance que je rencontrais partout, dit-il, je n'avais point de mauvais sentiments. Ma complexion « n'avait » et ne pouvait avoir « autre vice que langueur et paresse. Le danger n'était pas *que je fisse mal, mais que je ne fisse rien; nul ne pronostiquait que je dusse devenir mauvais, mais inutile.* Je sens qu'il en est advenu de même ; les plaintes qui me cornent aux oreilles sont telles : Il est oisif, froid aux offices d'amitié et de parenté ; et, aux offices publics, trop particulier, trop dédaigneux[1]. »

Ah ! qu'en termes galants ces choses-là sont dites !

1. *Essais,* I, xxv.

Mais parlons sans ambages, appelons-les de leur vrai nom. Montaigne ne fut pas, il est vrai, un homme méchant, il ne voulut jamais nuire à personne ; mais il n'était pas non plus serviable, dévoué, empressé à faire le bien. C'était un égoïste aimable, point dangereux, mais un égoïste. Il était tel assurément par nature, mais il le devint aussi tout de même un peu par éducation. N'ayant jamais été contraint en rien, il prit l'habitude de suivre son goût, ses aises et de ne point s'inquiéter des autres ; il croyait assez faire pour eux, en respectant leur liberté ; n'étant pas lui-même exigeant, n'attendant rien ou peu des autres, il s'étonnait, il trouvait mauvais qu'on exigeât ou attendît de lui davantage. Il avait l'humeur et les vertus intérieures, individuelles : ainsi il poussait si loin l'amour de l'indépendance qu'il voulait qu'on lui laissât l'initiative de sa générosité et de ses bons mouvements. Les autres « sont injustes d'exiger ce que je ne dois pas... En m'y condamnant, ils effacent la gratification de l'action et la gratitude qui m'en serait due... Je puis d'autant plus librement disposer de ma fortune qu'elle est plus mienne et de moi que je suis plus mien[1] ».

Quand on est dans ces sentiments, on n'a guère les vertus domestiques et sociales. En effet Mon-

1. *Essais*, I, xxv.

taigne n'était point fait pour le mariage et la famille. Il fut un mari peu fidèle, un père détaché, et s'en vante ou l'avoue sans vergogne. Il perdit « *deux ou trois* enfants en bas âge, sinon sans déplaisir, au moins sans fâcherie ». Il ne prend rien à cœur. Il remplit sans zèle les fonctions publiques. Maire de Bordeaux, quand la peste éclata dans cette ville, il alla respirer le bon air à Libourne. Voilà ce que veut dire le mot : « Je n'avais d'autre vice que langueur et paresse ». Voilà ce qu'est au vrai la nonchalance de Montaigne, son parfait détachement d'esprit. Certes aucune éducation n'eût fait de lui un héros, il n'en avait pas l'étoffe ; mais son éducation contribua certainement à développer les germes d'égoïsme qui étaient en lui.

Gardons-nous cependant de le juger avec une sévérité déplacée, au nom de principes qui ne sont pas les siens, comme l'a fait d'abord Port-Royal, et ensuite Malebranche. Prenons-le pour ce qu'il est. Il a, au point de vue moral, d'assez belles qualités encore, qu'il est juste d'attribuer à la fois à sa nature et à son éducation, à supposer qu'on puisse faire le départ entre l'une et l'autre et que l'éducation soit jamais autre chose que la nature renforcée. Ces qualités sont la haine de la cruauté et du mensonge. Son éducation a mis en lui l'horreur de la contrainte sous toutes ses formes, de celle qui s'exerce sur les corps, de la violence, des abus de la force, et de celle qui s'exerce sur les esprits, de l'autorité tyrannique de l'opinion et de l'odieuse intolérance du dogme. La cruauté ne lui inspire seulement une horreur ou répulsion physique; il lui a voué, si l'on peut dire, une haine philosophique; il la poursuit de ses sarcasmes, il s'applique à la flétrir, à la déshonorer, à prouver qu'elle n'est que lâcheté et bassesse[1]. Par là il est l'ancêtre de Voltaire. Quant à la contrainte morale, à la mainmise sur les volontés, au joug qui pèse sur les esprits, il en est l'adversaire acharné. Il a au plus haut degré le sentiment de la dignité personnelle et des droits de la pensée ou de la conscience. Il déclare qu'il faut être soi, avoir des sentiments et des pensées à soi. C'est là, si on peut, son credo, son seul dogme.

C'est là aussi ce qui le rend si attachant. Nous croyions trouver un auteur, c'est un homme qui se montre à nous. Pour que cet homme se révélât si pleinement homme, se mît si ingénument à nu, fût si systématiquement lui-même, il ne suffisait pas qu'il eût un tempérament naturellement ouvert, il fallait encore qu'il pût s'épanouir en toute liberté, dans un milieu d'affection. Montaigne est le chef-d'œuvre d'une éducation sans

1. *Essais*, II, xxvii. *Couardise, mère de la cruauté.*

contrainte. S'il a tous les défauts qui résultent d'une telle éducation, il en a aussi toutes les qualités aimables et brillantes, comme par exemple l'aisance parfaite, avec laquelle, étant enfant, il jouait la comédie au collège. Il n'y a que les enfants gâtés, jamais contraints, pour avoir cette « assurance de visage », cette « souplesse de voix et de geste », qui fait les bons comédiens. Montaigne avait aussi cette originalité, ce charme personnel, qui manque généralement aux gens trop élevés, je ne dis pas trop bien élevés. C'était le contraire d'un enfant appris. « Mon âme, dit-il, avait, *à part soi*, des remuements fermes et des jugements sûrs et ouverts autour des objets qu'elle connaissait ; et les digérait *seule*, sans aucune communication ; et, entre autres choses, je crois, à la vérité, qu'elle eût été incapable de se rendre à la force et violence [1].» Voilà la dignité personnelle dont je parlais plus haut, la fierté et bravoure d'esprit, si remarquable en Montaigne, qui est, chez lui, à la fois naturelle et acquise, et qui ne le quitte point.

Mais laissons le caractère de Montaigne et considérons son esprit, puisqu'aussi bien c'est par là qu'il est réputé le plus grand. Quelle fut, dans l'ordre intellectuel, l'influence de son éducation ? Remarquons d'abord qu'elle n'eut point pour

1. *Essais*, I, xxv.

effet de le distinguer des autres esprits par la nature de l'instruction ou la matière des connaissances : Montaigne apprit ce qu'on apprenait de
son temps ; il l'apprit seulement d'une autre
manière ; il fut élevé avec des soins et selon des
méthodes particulières. A l'en croire, il n'a rien
appris que de lui-même ; on ne lui a jamais rien
appris. Il a trouvé cela fort bien, et a posé en principe qu'il n'y a pas d'autre façon d'apprendre. Selon
lui, le savoir qu'on tient des autres n'est pas un savoir
véritable ou proprement dit ; la science ne s'em-
prunte pas, ne se communique pas ; il faut qu'elle
s'acquière librement, spontanément. On peut
bien exciter l'appétit intellectuel ; mais c'est l'esprit qui cherche et trouve lui-même sa nourriture,
qui se l'assimile et la digère. « Il n'y a tel que
d'allécher l'appétit et l'affection ; autrement on
ne fait que des ânes chargés de livres ; on leur
donne à coup de fouet en garde leur pochette
pleine de science ; laquelle, pour bien faire, il ne
faut pas seulement loger chez soi, il la faut épou-
ser[1]. » C'est là une idée fondamentale chez Montaigne ; il l'a reprise et répétée sous cent formes
différentes. Il fait profession de mépriser la science
des livres et des pédants, l'instruction au sens
matériel du terme, le bagage de connaissances

1. *Essais*, I, xxv.

qui n'est qu'une charge en la mémoire ; il fait profession de n'estimer que le jugement. Acquérir des connaissances est, pour lui, une tâche inférieure, une besogne de manœuvre ; exercer son esprit, aiguiser son jugement, voilà l'acte noble de l'intelligence. Aussi se vante-t-il de ne rien savoir, mais de pouvoir tout comprendre et juger de tout. Il y a là un paradoxe de Gascon, qui tire vanité de son esprit ; il y a aussi le pédantisme du bel esprit, le pédantisme « à la cavalière », comme l'a appelé Malebranche, le snobisme du gentilhomme et du mondain, qui, au siècle suivant, s'appellera l'*honnête homme,* pour se distinguer du savant en us et du pédant crasseux.

Montaigne fut-il donc un ignorant ? Oui, en un sens, et ce fut en partie la faute de son éducation, si courte, puisqu'il avait terminé ses études à treize ans, et si superficielle et si légère, puisqu'elle n'était qu'un amusement et un jeu. Il lui a donc manqué le fonds premier de connaissances, le bagage du collège. Mais, en revanche, et par là même, il a gardé la fraîcheur de l'esprit, une curiosité universelle. Au lieu de ne rapporter « du collège que la haine des livres, comme fait quasi toute notre noblesse », il lit pour son plaisir les livres que le collège ne lui a point déflorés. Il est un pur lettré, ou amateur de lettres. Il ne sait rien scientifiquement et à fond ; de cela il se dépite, il enrage, ou plutôt il se console par la raillerie, l'impertinence et le dédain. Il disserte sur tout ; il accumule les doutes, les histoires, les anecdotes, les impressions. C'est un admirable causeur *de omni re scibili,* plein de verve, d'esprit et d'humour. Le titre de son livre est exact ; ce sont les *Essais* d'un esprit qui joue. Montaigne a été un ignorant de génie : il a montré quelles sont les ressources d'un esprit qui ne se pique point de science, mais suit les lumières naturelles et consulte sa raison sur les choses familières et communes. S'il avait été élevé autrement, s'il avait reçu une instruction solide, il aurait eu moins de naturel, moins d'inspiration heureuse et de grâce primesautière ; il aurait eu aussi moins d'amour-propre, de suffisance, il aurait été moins naïvement égoïste ; il aurait été moins amusant. Reste donc qu'il lui a réussi d'être mal élevé. Il a eu toutes les grâces de l'enfant gâté. C'est un bel exemple à ne pas suivre.

Toutefois il a reçu aussi, en un autre sens, l'éducation qui lui convenait, et partant la meilleure. Il n'a pas eu seulement à se féliciter d'être élevé par un père très tendre, qui n'épargna, pour son éducation, ni les soins ni la dépense, et qui ne craignit point de se singulariser en l'élevant en dehors des voies communes ; il dut à ce père la sauvegarde de l'originalité de son génie. Entouré d'affection et traité avec bonté, il apprit à s'estimer lui-même et connut la valeur de l'humanité et de la tendresse. Élevé en dehors de l'école, il comprit que l'esprit vaut plus que le savoir et que ce qui fait le prix du savoir, c'est la libre adhésion que l'esprit lui donne. Montaigne est l'esprit le plus indépendant, le plus libre, le plus jaloux aussi de sa liberté et de son indépendance ; il est tel assurément par nature, mais son éducation à part a contribué à accentuer son originalité, l'a amené à prendre conscience de sa personnalité, à l'affirmer, d'une façon, parfois sans doute puérile et déplacée, mais souvent aussi, et le plus souvent, simplement digne et fière. Il n'était pas indifférent que l'éducation de Montaigne l'affranchît de la coutume ni que son instruction eût des lacunes ; il devait par là même s'engager dans sa voie propre avec plus de hardiesse et de sûreté, et plus naturellement devenir le représentant des esprits libres, qui n'ont pour guide que leur raison, et même au besoin réclament le droit de suivre leur fantaisie et leur caprice. Montaigne a été exceptionnellement une nature personnelle, un esprit original, dont l'éducation a favorisé l'originalité.

CHAPITRE II

L'ÉMANCIPATION INTELLECTUELLE.

DESCARTES

> Tenes memoria quantum senseris gau-
> dium, cum, prætexta posita, sumpsisti
> virilem togam et in forum deductus es ;
> majus exspecta, cum puerilem animum
> deposueris, et te in viros philosophia
> transcripserit.
>
> Sénèque.
> *Lettres à Lucilius*, **IV.**
>
> La vie de l'homme est misérablement
> courte. On la compte depuis la première
> entrée dans le monde ; pour moi je ne la
> voudrais compter que depuis la naissance
> de la raison, et depuis qu'on commence à
> être ébranlé par la raison, ce qui n'arrive
> pas ordinairement avant vingt ans. De-
> vant ce temps l'on est enfant ; et un
> enfant n'est pas un homme.
>
> Pascal.
> *Discours sur les passions de l'amour.*

On rendrait à la réforme cartésienne son vrai caractère, celui sous lequel elle s'est elle-même présentée d'abord si, au lieu de la considérer, ainsi qu'on a coutume et qu'en un sens, on a sans doute aussi le droit de faire, comme un affranchissement de l'esprit humain, comme un passage de la théologie à la philosophie, du règne de la tradition et de l'autorité à l'avènement de la pensée libre et indépendante, on la regardait simplement comme une crise, d'ailleurs normale, de l'éducation, comme l'évolution d'un esprit, prenant conscience de sa dignité, et du droit qu'elle lui confère et du devoir qu'elle lui crée, de chercher, de trouver lui-même sa voie et de se faire, si on peut dire, sa vérité.

Le Discours de la Méthode a un caractère autobiographique et surtout un accent personnel très prononcé. Descartes déclare à plusieurs reprises qu'il prétend faire uniquement l'histoire de sa pensée, de la formation de son esprit, de la découverte de sa méthode et de l'élaboration de sa doctrine. Il se défend de faire œuvre dogmatique ; il ne se donne point pour modèle, tout au plus pour exemple ; il « ne propose » son livre « que comme une histoire » ; il déclare par endroits assez orgueilleusement qu'il ne l'écrit que pour lui-même, pour la satisfaction de son esprit et son instruction personnelle. « Je serai bien aise, dit-il, de faire voir en ce discours quels sont les chemins que j'ai suivis et d'y représenter ma vie comme en un tableau, afin que chacun en puisse juger, et qu'apprenant du bruit commun les opinions qu'on en aura, ce soit un nouveau moyen de m'instruire que j'ajouterai à ceux dont j'ai coutume de me servir. Ainsi mon dessein n'est pas d'enseigner ici la méthode que chacun doit suivre pour bien conduire sa raison, mais seulement de faire voir en quelle sorte j'ai tâché de conduire la mienne[1]. »

Cette déclaration toutefois pourrait être ironique, ou encore elle pourrait n'être qu'une précaution oratoire ; Descartes craindrait de montrer trop d'assurance, et irait au-devant des critiques. « Ceux qui se mêlent de donner des préceptes, dit-il, se doivent estimer plus habiles que ceux à qui ils les donnent ; et s'ils manquent en la moindre chose, ils en sont blâmables ». Mais lui, n'est point de ceux-là, au moins en son premier ouvrage, car plus tard, dans les *Principes de la philosophie*, la restriction ci-dessus disparaît, et Descartes expose la méthode, sans la donner comme sienne. Faut-il donc croire qu'il a pris une attitude et ne l'a pas gardée? Non, mais plutôt il n'avait pas à revenir sur sa déclaration première ; il ne se contredisait pas, en généralisant son cas, qu'il jugeait normal et, à ce titre, tout au moins commun, ordinaire. Ainsi c'est bien son histoire que Descartes raconte, mais il pouvait croire que c'est aussi et par là même celle de tous les esprits.

1. *Discours de la Méthode*, 1re partie.

Pour que cette histoire ait tout son sens et toute sa portée, il faut que les données en soient bien précises. S'agit-il d'un esprit ordinaire, élevé dans les conditions communes ou d'une intelligence supérieure qui échappe à la règle et ne relève que des lois du génie? Descartes prend soin de déclarer qu'il n'est pas et ne veut pas être regardé comme un être d'exception, bien plus, qu'en ce qui a trait à la raison, il n'existe ni ne saurait exister de tels êtres, la raison qui est l'*essence* de l'homme étant « tout entière en un chacun ».

Pour moi, dit-il, je n'ai jamais présumé que mon esprit fût en rien plus parfait que ceux du commun ; même j'ai souvent souhaité d'avoir la pensée aussi prompte, ou l'imagination aussi nette et distincte, ou la mémoire aussi ample ou aussi présente que quelques autres. Et je ne sache point de qualités que celles-ci qui servent à la perfection de l'esprit ; car, pour la raison ou le sens », (« le bon sens ») elle est spécifique, non individuelle, ou, comme dit Descartes en langage scolastique, elle est *forme* ou *nature,* non *accident* ; or « il n'y a du plus ou du moins qu'entre les *accidents* et non point entre les *formes* ou natures des *individus* d'une même *espèce* »[1].

Si Descartes (du moins il nous l'assure) ne se distingue pas des autres hommes par les facultés

1. *Disc. de la Méth.*, 1ʳᵉ partie.

de son esprit, il ne s'en distingue pas davantage par son éducation, sauf peut-être en ceci qu'elle se réalisa dans les conditions les meilleures. Il montra en effet le plus grand zèle à apprendre, par docilité et par goût. Il fit ses études au collège de la Flèche, « l'une des plus célèbres écoles de l'Europe ». Il apprit toutes les sciences qu'on y enseignait et même « parcourut tous les livres, traitant de celles qu'on estime les plus curieuses et les plus rares (les sciences occultes, astrologie et magie) qui avaient pu tomber entre ses mains ». Au collège, il eut les meilleurs maîtres et fut un des meilleurs élèves. « Je ne voyais pas qu'on m'estimât inférieur à mes condisciples, bien qu'il y en eût déjà entre eux quelques-uns qu'on destinait à remplir les places de nos maîtres[1]. » Passant en revue « les exercices auxquels on s'occupe dans les écoles » (étude des langues, de la mythologie, de l'histoire, de l'éloquence, de la poésie, des mathématiques, de la morale, de la théologie, de la philosophie, sans parler des autres sciences, comme la jurisprudence et la médecine) il porte sur chacun d'eux un jugement net, précis, dans l'ensemble favorable, qui témoigne d'autant de compétence que de goût. Si donc il y eut jamais une éducation faite pour donner satisfaction à

1. *Ibid.*

l'esprit qui la reçut ou, ce qui revient au même, un esprit fait pour s'accommoder de l'éducation qui lui fut donnée, ce fut l'éducation ou l'esprit dont nous parlons.

Cependant, lorsqu'il vient à examiner le profit qu'il en a retiré, peu s'en faut que Descartes ne juge son éducation vaine. D'abord il a hâte de la voir finir ; ou du moins il estime qu'elle a assez duré et qu'elle ne se prolongerait pas sans danger. « Je croyais avoir déjà donné assez de temps aux langues, et même à la lecture des livres anciens, et à leurs histoires, et à leurs fables ; car c'est quasi le même de converser avec ceux des autres siècles que de voyager... Lorsqu'on emploie trop de temps à voyager, on devient enfin étranger en son pays ; et lorsqu'on est trop curieux des choses qui se pratiquaient aux siècles passés, on demeure ordinairement fort ignorant de celles qui se pratiquent en celui-ci. » Autrement dit, il y a opposition entre l'école et la vie ; l'une ne prépare pas l'autre et un moment vient où, pratiquement d'abord, et pour la justesse de l'esprit ensuite, il importe grandement de passer de l'une à l'autre.

Bien plus, Descartes se retourne contre les études de collège et en montre la vanité ou l'insuffisance. Il ne sert point de s'exercer à l'éloquence ou à la poésie, car elles sont « des dons de l'esprit plutôt que des fruits de l'étude ». On peut se passer d'étudier la théologie ; on n'a point besoin de la connaître « pour gagner le ciel ». On ne peut se flatter de rencontrer mieux que les autres en philosophie, où il ne se trouve « aucune chose dont on ne dispute et par conséquent qui ne soit douteuse », et, comme toutes les sciences « empruntent leurs principes de la philosophie », on ne saurait trouver en elles la certitude qui manque en leurs fondements. Il y a bien une science qui se distingue entre toutes « par la certitude et l'évidence de ses raisons » ; c'est la mathématique ; mais on ignore son « vrai usage » ; elle n'est pas faite seulement pour servir aux arts mécaniques ; au rebours de la morale, qui a élevé des palais superbes, mais sans fondements, ou plutôt qui ne sont « bâtis que sur du sable ou de la boue », la mathématique, dont les fondements sont « si fermes et si solides », n'a « rien bâti dessus de relevé ».

Ainsi donc, ou des sciences vaines, oiseuses, conjecturales, comme la philosophie, dont Descartes se détourne avec dédain, n'étant point, « grâce à Dieu, dit-il, de condition qui l'oblige à faire un métier de la science pour le soulagement de sa fortune », ne cultivant la science que pour la gloire et ne voulant pas d'une gloire acquise

« à faux titres », ou des sciences bien fondées et certaines, comme les mathématiques, mais vaines encore, parce qu'on ne les a pas poussées assez loin, parce qu'on n'en a pas aperçu le véritable objet, la portée et l'usage, tel est le bilan de ses études que Descartes établit, tel est le jugement final qu'il porte sur son éducation, avec une rigueur si inattendue et si extrême qu'on serait tenté d'y voir l'impertinence d'un échappé de collège.

En fait, le *Discours de la Méthode,* sans pouvoir être appelé un ouvrage de jeunesse, puisque Descartes avait 41 ans quand il l'écrivit, a pourtant l'accent de la jeunesse : on y relève en particulier la raideur et l'intransigeance du jugement que Descartes porte sur les mœurs et les opinions des hommes dans le monde, aussi bien que sur la science des philosophes. On dirait qu'il éprouve le besoin de se rassurer lui-même sur la liberté qu'il prend de rejeter toute tradition et de penser par lui-même.

Cette liberté, il n'y a recours que pour trouver la certitude, laquelle ne saurait être dans les opinions contradictoires des philosophes et du vulgaire. « J'avais un extrême désir, dit-il, d'apprendre à distinguer le vrai d'avec le faux, pour voir clair en mes actions et marcher avec assurance en cette vie. » Ce désir ou cet espoir, l'étude et les voyages l'ont déçu ; la réflexion, l'appel à la raison personnelle, va le remplir. « Après que j'eus employé quelques années à étudier dans le livre du monde et à tâcher d'acquérir quelque expérience, je pris un jour une résolution d'étudier aussi en moi-même et d'employer toutes les forces de mon esprit à choisir les chemins que je devais suivre ; ce qui me réussit beaucoup mieux, ce me semble, que si je ne me fusse jamais éloigné ni de mon pays ni de mes livres. »

Mais ce parti, que Descartes prend, et qui lui réussit si bien, de rentrer en lui-même pour trouver la vérité, il s'agit de le justifier, de prouver qu'il s'impose comme une nécessité et qu'il est fondé en raison. Tout d'abord « je me trouvai comme *contraint,* dit Descartes, d'entreprendre moi-même de me conduire ». En effet nul ne peut être dispensé de chercher par lui-même la vérité, nul ne peut trouver de guides sûrs, soit parmi les doctes qui croient suivre la raison, mais donnent en fait dans toutes les extravagances, et d'ailleurs se contredisent entre eux, soit parmi le vulgaire qui suit la coutume et l'exemple, et qu'il faut récuser comme incompétent et aveugle. Autrement dit, il faut prendre son parti d'avoir des convictions personnelles, car il n'en est point d'autres ; il faut assumer la responsabilité de ses opinions ; il faut, à ses risques et périls, se faire sa vérité.

Mais par hypothèse nous cherchons la certitude. Pouvons-nous nous flatter de trouver individuellement ce que nous observons qui ne se trouve point parmi les hommes? La raison personnelle n'est-elle pas nécessairement plus imparfaite, moins éclairée et plus faillible, que la raison commune? Non, si le criterium ou la marque de la perfection, c'est l'unité, s' « il n'y a pas tant de perfection dans les ouvrages composés de plusieurs pièces, et faits de la main de divers maîtres, qu'en ceux auxquelles un seul a travaillé ». Or, en fait, les villes les mieux bâties sont celles qui l'ont été tout d'une pièce et dont un ingénieur a tracé le plan ; la vraie religion est celle « dont Dieu seul a fait les ordonnances », la meilleure législation est celle qui est sortie toute faite de la tête d'un homme, comme celle de Sparte. D'où l'on peut conclure par analogie que « les sciences des livres,... s'étant composées et grossies peu à peu des opinions de plusieurs diverses personnes, ne sont point si approchantes de la vérité que les simples raisonnements que peut faire naturellement un homme de bon sens touchant les choses qui se présentent[1] ».

1. *Disc. de la Méth.*, 2e partie.

Non seulement la raison individuelle est supérieure, en ce sens, à la raison commune, mais encore il ne lui manque, pour être parfaite, que d'être rendue à elle-même et dégagée des déformations ou adultérations qu'elle a subies du fait de son contact prolongé avec la raison commune. « Pour ce que nous avons tous été enfants avant que d'être hommes, et qu'il nous a fallu longtemps être gouvernés par nos appétits et nos précepteurs, qui étaient souvent contraires les uns aux autres, et qui, ni les uns ni les autres, ne nous conseillaient pas toujours le meilleur, il est presque impossible que nos jugements soient si purs ni si solides qu'ils auraient été, *si nous avions eu l'usage entier de notre raison dès le point de notre naissance, et que nous n'eussions jamais été conduits que par elle*[1]. »

En posant ce principe, Descartes prévoit l'abus qu'on en peut faire. Tout en rendant la raison individuelle juge de toute vérité, il lui assigne son domaine propre. « Un particulier » n'a pas à « réformer l'État » ni « le corps des sciences ou l'ordre établi dans les écoles pour les enseigner » ; il n'a pas même à rejeter ou à condamner en bloc les opinions qu'il a admises sur la foi d'autrui, mais seulement à les examiner et à les « ajuster

---

1. *Ibid.* Cf. *Principes de la philosophie,* 1re partie, 1.

au niveau de sa raison ». Ce n'est point la société, ce sont ses opinions, et elles seules, qu'il entend réformer, et il demande qu'on ne s'y méprenne point. « Jamais mon dessein ne s'est entendu plus avant que de tâcher à réformer mes propres pensées et de bâtir dans un fond qui est tout à moi. » Limiter ainsi le domaine de la réflexion personnelle, ce n'est pas s'effrayer des conséquences du principe posé, ce n'est pas détruire ou affaiblir ce principe, c'est au contraire le renforcer et le préciser. Descartes est si jaloux, pour ainsi dire, de son autonomie intellectuelle, du caractère personnel ou intime de la réforme qu'il a entreprise, qu'il souhaite de n'avoir ni imitateurs ni disciples, et renie d'avance tous ceux qui s'adjoindraient à lui. Le passage est curieux, et vaut d'être cité en entier :

Je crains que (mon dessein) ne soit que trop hardi pour plusieurs. La seule résolution de se défaire de toutes les opinions qu'on a reçues auparavant en sa créance n'est pas un exemple que chacun doive suivre. Et le monde n'est quasi composé que de deux sortes d'esprits, auxquels il ne convient aucunement, à savoir de ceux qui, se croyant plus habiles qu'ils ne sont, ne se peuvent empêcher de précipiter leurs jugements, ni avoir assez de patience pour conduire par ordre toutes leurs pensées ; d'où vient que, s'ils avaient une fois pris la liberté de douter des principes qu'ils ont reçus, et de s'écarter du chemin commun, jamais ils ne pourraient tenir le sentier qu'il faut prendre pour aller plus droit, et demeureraient égarés toute leur vie ; puis de ceux qui, ayant assez de raison ou de modestie pour juger qu'ils sont moins capables de distinguer le vrai d'avec le faux que quelques autres par lesquels ils peuvent être instruits, doivent bien plutôt se contenter de suivre les opinions de ces autres qu'en chercher eux-mêmes de meilleures[1].

Descartes cède ici peut-être à son humeur hautaine et pousse jusqu'à l'exagération le sens personnel. Il est d'autre part naturellement enclin à la prudence et craint, non sans raison, de voir sa méthode compromise par ceux qui l'adopteraient d'enthousiasme, mais seraient incapables de se soumettre à la discipline qu'elle impose. Nous ne voulons pas étudier cette méthode, nous noterons seulement qu'elle a pour principe la raison individuelle juge de la vérité.

La morale de Descartes porte le même caractère et repose sur le même principe, d'où vient que Descartes a pu dire qu'elle est tirée de sa méthode, quoiqu'en un sens elle puisse paraître une infraction à cette méthode, puisque Descartes soustrait au doute les règles de la conduite et les établit en dehors de l'évidence. C'est même en

1. *Disc. de la Méth.*, 2e partie.

morale, comme on pouvait s'y attendre, qu'apparaît le plus clairement l'idéal cartésien, à savoir la liberté intérieure et l'usage de la raison, et c'est à assurer, à sauvegarder cet idéal que tendent, comme on va voir, toutes les maximes de la morale.

En effet la première, qui semble faire une si large part à la tradition, à la coutume, puisqu'elle prescrit le respect des lois, de la religion du pays, voire même de l'opinion commune, sous sa forme la plus modérée, la plus éloignée de l'excès, ne laisse pas de s'appuyer sur la raison, d'être présentée comme raisonnable, par suite de la nécessité d'agir et de prendre parti dans des occasions qui ne souffrent pas de délai et ne nous laissent pas le temps de nous délivrer de nos doutes ; mais surtout elle contient cette clause, en apparence secondaire, mais qui trahit la pensée dominante de Descartes et n'a pas été assez remarquée : Entre tous les excès, que Descartes nous enjoint d'éviter, est tout engagement par lequel on retrancherait « quelque chose de sa liberté », à savoir de sa *liberté de penser* (c'est de celle-là seule qu'il s'agit), car, dit-il, me promettant « de perfectionner de plus en plus mes jugements, et non point de les rendre pires, j'eusse pensé commettre une grande faute contre le bon sens, si, pour ce que j'approuvais alors quelque chose, je me fusse obligé de la prendre pour bonne encore après, lorsqu'elle aurait peut-être cessé de l'être ou que j'aurais cessé de l'estimer telle ». Ainsi donc, dans cette maxime même, où Descartes se relâche en quelque sorte du devoir d'user de sa raison et permet qu'on suive des opinions qui ne sont que vraisemblables, il ne laisse pas de sauvegarder le droit de la raison, en mentionnant qu'il n'entend du moins jamais laisser prescrire ce droit.

Si la première maxime défend d'aliéner sa liberté, c'est-à-dire le droit d'user de sa raison, la seconde autorise l'usage de cette liberté, qui consiste à suivre constamment une résolution prise, si douteuse qu'elle soit, comme si elle était absolument certaine, et à s'exempter par là de vains repentirs ou remords. On remarquera que c'est l'usage *individuel* ou subjectif de la raison qui se trouve ici justifié.

Enfin la troisième maxime donne comme objet à la morale et pose comme souverain bien, ou mieux comme bien unique, la liberté ou l'usage de la raison. « Il n'y a rien qui soit entièrement en notre pouvoir que nos pensées », et, comme le bien est nécessairement ce qui *nous* est *propre* (οἰκεῖον ἔργον), il n'y a donc que nos pensées, ou l'usage de notre raison, qui puissent être *notre* bien. Descartes rejoint ici les Stoïciens et paraît s'inspirer d'eux, mais il ne fait en réalité que suivre et développer sa pensée maîtresse.

Cette pensée est que, pour chacun de nous, ce qui importe le plus, c'est, au sortir de l'enfance, de prendre la direction de sa vie, de se charger seul de son bonheur, de se rendre maître de soi, d'affirmer et de fonder sa personnalité et pour cela d'user de sa raison, de n'avoir que des opinions ou des pensées à soi, car c'est en cela proprement que consiste la personnalité ou le moi. Descartes identifie la personnalité avec la liberté et la liberté elle-même avec la raison, ou plutôt définit la personnalité le libre usage que chacun fait de sa raison. La forme la plus haute de la personnalité, d'un mot, la moralité, sera dès lors le meilleur usage de la raison, la meilleure discipline de la pensée, la méthode la plus parfaite, celle qui conduit à la vérité et à la certitude. De là le caractère finalement rationaliste de la morale cartésienne, qui se marque de façon saisissante dans le passage suivant :

Outre que les trois maximes précédentes n'étaient fondées[1] que sur le dessein que j'avais de m'instruire ;

_____

1. n'avaient de sens, ne se justifiaient qu'autant qu'elles s'appuyaient sur le dessein que j'avais de m'instruire, répondaient à ce dessein et le servaient.

car, Dieu nous ayant donné à chacun quelque lumière pour discerner le vrai d'avec le faux, je n'eusse pas cru me devoir contenter des opinions d'autrui un seul moment, si je ne me fusse proposé d'employer mon propre jugement à les examiner lorsqu'il serait temps ; et je n'eusse su m'exempter de scrupule en les suivant, si je n'eusse espéré de ne perdre pour cela aucune occasion d'en trouver de meilleures, en cas qu'il y en eût ; et enfin je n'eusse su borner mes désirs ni être content, si je n'eusse suivi un chemin par lequel, pensant être assuré de l'acquisition de toutes les connaissances dont je serais capable, je le pensais être par même moyen de celle de tous les vrais biens qui seraient jamais en mon pouvoir, d'autant que, notre volonté ne se portant à suivre ni à fuir aucune chose que selon que notre entendement la lui représente bonne ou mauvaise, il suffit de bien juger pour bien faire, et de juger le mieux qu'on puisse pour faire aussi tout son mieux, c'est-à-dire pour acquérir toutes les vertus, et ensemble tous les autres biens qu'on puisse acquérir ; et, lorsqu'on est certain que cela est, on ne saurait manquer d'être content[1].

Descartes identifie donc la certitude et la béatitude ; pour lui, mettre la certitude dans ses pensées, c'est marcher avec assurance dans la vie, partant être heureux. Le bonheur consiste à suivre ou plutôt à se tracer sa voie, à faire sa destinée, à user de sa raison, à en user de son mieux, sinon à en user le mieux, et c'est, à vrai dire,

1. *Disc. de la Méth.*, 3e partie.

dans cet usage de la raison le plus libre et le meilleur, considéré en lui-même, non dans ses effets, autrement dit, dans l'acte de la personnalité par excellence, dans l'acte qui émane le plus directement de nous et porte le mieux notre marque, que la moralité et le bonheur tout ensemble résident.

Si l'on pouvait douter que le but principal de Descartes est de fonder la personnalité sur la base de la raison, on en trouverait indirectement la preuve dans des remarques incidentes qui trahissent sa préoccupation dominante. Descartes est d'abord, par tempérament, l'homme du sens propre; il a orgueilleusement foi en lui-même et n'a foi qu'en lui. Il ne compte pas su: les autres pour le corriger de ses erreurs, pas même pour les lui « faire connaître ». Il perdrait son temps à réfuter les objections que feraient naître ses ouvrages, et n'en retirerait pour son instruction aucun profit. « Il est rarement arrivé, dit-il, qu'on m'ait objecté quelque chose que je n'eusse point du tout prévue, si ce n'est qu'elle fût fort éloignée de mon sujet, en sorte que je n'ai quasi jamais rencontré aucun censeur de mes opinions qui ne me semblât ou moins rigoureux ou moins équitable que moi-même. Et je n'ai jamais remarqué non plus que par le moyen des disputes qui se pratiquent dans les écoles on ait découvert aucune vérité qu'on ignorât auparavant [1]. »

Descartes est persuadé non seulement qu'on ne s'instruit que par soi-même, mais encore qu'on n'instruit pas les autres, en tout cas, « qu'on ne saurait si bien concevoir une chose et la rendre sienne, lorsqu'on l'apprend de quelque autre, que lorsqu'on l'invente soi-même ». Aussi n'arrive-t-il presque jamais d'être compris. « Bien que j'aie souvent expliqué quelques-unes de mes opinions à des personnes de très bon esprit et qui, pendant que je leur parlais, semblaient les entendre fort distinctement, toutefois, lorsqu'ils les ont redites, j'ai remarqué qu'ils les ont changées presque toujours en telle sorte que je ne pouvais plus les avouer pour miennes [2]. »

Enfin, lors même qu'on pourrait s'instruire indirectement, par la voie d'autrui, il vaudrait mieux, pour l'éducation de son esprit, se passer de secours étranger et arriver plus lentement et plus difficilement par soi-même à la vérité. « Pour moi, je me persuade que, si on m'eût enseigné dès ma jeunesse toutes les vérités dont j'ai cherché depuis les démonstrations, et que je n'eusse eu aucune peine à les apprendre, je n'en aurais peut-être

1. *Disc. de la Méth.*, 6e partie.
2. *Ibid.*

jamais su aucunes autres et du moins que jamais
je n'aurais acquis l'habitude et la facilité que je
pense avoir d'en trouver toujours de nouvelles, à
mesure que je m'applique à les chercher [1]. »

Descartes remarque encore que, lorsqu'il s'agit
de faire des expériences, sans lesquelles il estime
qu'il ne saurait y avoir de découvertes en physique, le savant qui en a pris l'initiative ou conçu
l'idée, « n'y saurait employer utilement d'autres
mains que les siennes », sinon celles des artisans
ou mercenaires, parce que seul il est capable de
les interpréter et de les conduire.

Ainsi ce n'est pas assez de dire que Descartes
fut un autodidacte ; il a fait la théorie de l'auto-
didascalie, il l'a érigée en principe ou en règle.
L'homme est toujours seul, réduit à lui-même,
sans aucun secours à attendre des autres, en face
des problèmes graves. On meurt seul, on vit seul
aussi ; on a seul la conduite ou la direction de sa
vie et de sa pensée ; on est seul à décider de la
vérité, de la méthode pour la trouver, du criterium pour la reconnaître, du principe pour la
fonder ; on est seul pour la découvrir et pour la
comprendre. De là la nécessité pour chacun de
nous de prendre une fois en sa vie le parti héroï-

---

1. *Disc. de la Méth.*, 6ᵉ partie.

que de douter de toutes les opinions qu'il a reçues en sa créance sur la foi d'autrui, de refaire ou plutôt de faire son éducation, car la seule éducation qui vaille est celle qu'on se donne à soi-même, d'user de sa raison, de prendre, pour ne plus la perdre, l'initiative et la responsabilité de ses actes, de conquérir ou de fonder sa personnalité. La philosophie de Descartes peut être interprétée comme une théorie pédagogique, la théorie de l'auto-éducation. Descartes n'a eu qu'à raconter sa vie, l'histoire de sa pensée, pour présenter par là même le type de l'éducation par soi-même, laquelle serait pour lui, et est en effet, l'éducation véritable ou proprement dite.

CHAPITRE III

Réaction contre une éducation exclusivement intellectuelle.

JOHN STUART MILL

On a coutume de disserter sur l'éducation d'une façon théorique et abstraite. On ferait, à ce qu'il semble, une œuvre plus intéressante et plus utile en étudiant des éducations individuelles et en examinant ce qu'elles ont donné. Mais il conviendrait alors de prendre pour exemple, non pas une éducation moyenne, j'entends celle d'un enfant moyen, faite par les voies ordinaires et communes, que bien à tort on regarderait comme plus probante et ayant une portée plus générale, mais au contraire une éducation originale, d'une forme bien définie, systématique, ayant porté sur un sujet de choix, exceptionnellement doué et auquel elle aurait de plus été merveilleusement adaptée, pour lequel elle semblerait avoir été faite. En un mot, on devrait regarder, comme typique ou vraiment représentative une éducation, dont les effets auraient été portés au *maximum* et au *summum*, qui aurait pleinement et admirablement réussi. C'est une éducation de ce genre que nous nous proposons d'analyser, à savoir l'éducation toute philosophique ou rationaliste, que John Stuart Mill a reçue de son père.

Cette éducation présente d'abord cette particularité remarquable que l'influence de la mère ne s'y fait pas sentir. Les éducations rigoureusement systématiques, où l'on se dirige suivant des principes arrêtés, qu'on ne met plus en question et qu'on suit jusqu'au bout, ne peuvent être, si on peut dire, que paternelles. Les mères, dans leur conduite envers leurs enfants, suivent plus ou moins leur inspiration et leur cœur ; elles ne supporteraient point l'entrave d'une doctrine rigide ; leur action éducative est, en général, plus réelle, mais moins apparente que celle des pères, parce qu'au lieu de s'exercer de front, elle prend des détours, parce qu'au lieu de s'affirmer, elle se dérobe, parce qu'au lieu surtout de se diriger exclusivement en un sens, elle est dispersée et diffuse. Jamais une mère n'entreprendrait une éducation semblable à celle que nous allons décrire, aussi fortement accusée, aussi caractéristique. Il fallait pour cela un esprit d'autorité et un fanatisme doctrinal, dont les femmes par nature sont heureusement exemptes et dont, à vrai dire, parmi les hommes mêmes, un philosophe seul était capable.

L'éducation de Stuart Mill a la valeur d'une expérience ; elle est l'application et l'épreuve d'un système. Lui-même en fait la remarque : s'il écrit ses mémoires, c'est en partie pour payer sa dette de reconnaissance aux personnes dont il a subi l'influence, mais en partie aussi, et principalement, pour l'instruction qu'il croit que le public pourra tirer du « tableau d'une *éducation conduite en dehors des voies habituelles et d'une façon remarquable*. Cette éducation, dit-il, quels qu'en aient pu être les fruits, a pour le moins démontré qu'il est possible d'enseigner, et de bien enseigner, beaucoup plus de choses qu'on ne pense durant ces premières années de la vie, dont les procédés vulgaires, qu'on décore du nom d'instruction, ne tirent presque aucun profit ». Stuart Mill est trop modeste ou s'abuse : cette leçon qu'il dégage de son éducation est la moindre ; cette éducation a une autre portée, est autrement significative, au sens large et élevé.

Mais elle eut d'abord le mérite qu'il lui reconnaît. Elle commença aussi tôt et fut toujours poussée aussi loin que possible. A en croire celui qui en fut le bénéficiaire et se défend d'en avoir été la victime, elle fut précoce sans être prématurée, intensive sans être forcée. Elle devait cependant aboutir et a abouti en effet à cette pléthore d'instruction et à ce surmenage des facultés, pour lequel Renan a créé le nom d' « encéphalite aiguë ». Elle fut donnée sans ménagement, sans discrétion. James Mill n'avait égard ni à l'âge de son fils ni à ses facultés. Il ne voyait qu'une chose : qu'il n'y eût pas de temps perdu. « Je n'ai gardé, dit Stuart Mill, aucun souvenir de l'époque où j'ai commencé à apprendre le grec. Je me suis laissé dire que je n'avais alors que trois ans. » Le principe de James Mill en éducation était exactement le contraire de celui d'Étienne Pascal. Celui-ci voulait « toujours tenir son fils au-dessus de son ouvrage ». James Mill pensait qu'il faut demander à l'enfant tout ce qu'il peut donner, et même au delà, et ce maître exigeant trouva un élève docile qui se soumit sans révolte à une aussi dure discipline et devait par la suite lui en savoir gré. « Mon père, dit Stuart Mill, dans toutes les parties de son enseignement, exigeait de moi non seulement tout ce que je pouvais, mais encore ce qu'il m'était souvent impossible de faire ». En principe, rien de mieux, car « un élève, à qui on ne demande jamais ce qu'il ne peut pas faire, ne fait jamais tout ce qu'il peut ». Dans l'application, pourtant, il arriva au père de dépasser la mesure.

S'étant chargé d'enseigner à son fils la géométrie élémentaire et l'algèbre, il se montra un maître insuffisant, et d'autant plus exigeant qu'il ne se rendait compte ni des difficultés de l'enseignement, ni des aptitudes de l'élève, âgé de huit à dix ans. « Il n'avait pas le temps de se mettre à même de résoudre les difficultés qui m'arrêtaient ; il me laissait m'en dépêtrer moi-même sans aucun secours que celui des livres ; en attendant, j'encourais ses réprimandes par l'incapacité où j'étais de résoudre des problèmes difficiles, et il ne s'apercevait pas que je ne possédais pas encore les connaissances nécessaires pour en venir à bout. »

Sous prétexte, sans doute, qu'il faut demander beaucoup pour obtenir peu, ou, plus exactement, trop pour obtenir assez, James Mill imposa toujours à son fils un régime d'instruction disproportionné à son âge. Il eût dû ainsi le décourager, mais l'enfant était si bien doué et d'une nature si heureuse que cette éducation sembla lui profiter sans lui nuire, qu'il la subit sans s'en dégoûter. Il faut dire, à l'excuse du père, qu'il fut invité et encouragé dans son zèle intempestif et outré par la docilité de son fils, car l'élève, en un sens, commande l'éducation, le maître le plus ardent ne fait que le suivre jusqu'où il peut et il veut aller, et il est parfois entraîné par lui.

Quoi qu'il en soit, Stuart Mill n'eut pas d'enfance, si par là on entend la candeur intellectuelle, l'heureuse exemption du savoir. De bonne heure, il fut mis, ou se mit de lui-même, au régime des lectures sérieuses et sérieusement faites. Ses lectures pouvaient être volontaires, mais il était tenu de prendre des notes et d'en rendre compte. A huit ans, il commença le latin en compagnie d'une sœur cadette et, comme si ce n'était pas assez de ses propres études, il fut chargé d'être le précepteur ou le moniteur de celle-ci. A cette occasion, Stuart Mill nous donne son avis sur l'enseignement mutuel : tout l'avantage serait pour celui qui enseigne, les inconvénients seraient grands pour l'élève.

De huit à douze ans, Stuart Mill lut les auteurs latins et grecs, en particulier la *Rhétorique* d'Aristote et apprit la géométrie élémentaire et l'algèbre à fond, dans les conditions défectueuses que l'on sait. En même temps, il faisait des vers à titre d'exercice « obligatoire ».

A douze ans, il aborde la Logique, lit l'*Organon* jusqu'aux *Analytiques* inclusivement, lit plusieurs traités de logique scolastique, puis la *Computatio sive Logica* de Hobbes et rend compte de ces ouvrages à son père, en discute avec lui.

A quatorze ans, il étudie l'Économie politique avec son père qui lui en fait des leçons orales et lui met entre les mains les ouvrages de Ricardo.

A cet âge, au même âge que Montaigne, Stuart Mill avait achevé ses études proprement dites. Mais Montaigne, à quatorze ans, ne savait rien (c'est lui qui le dit et par exception on peut l'en croire), tandis que Stuart Mill avait appris, et bien appris, dans l'enfance, ce qu'on apprend d'ordinaire à l'âge adulte, et cela avec des facultés qu'il déclare moyennes et sans autres maîtres que son père et les livres. Il faut donc, conclut-il, qu'il y ait un gaspillage misérable des années précieuses de l'enfance dans l'éducation ordinaire et il estime que, grâce à son éducation particulière, il a eu « sur ses contemporains l'avantage d'une avance d'un quart de siècle ».

Mais ce que Stuart Mill ne dit pas, c'est que le succès de cette éducation provenait moins de sa valeur intrinsèque que de la valeur intellectuelle du sujet auquel elle s'adressait. Non seulement il avait une soif de savoir et une faculté d'assimilation, qui le sauvaient de la satiété et du dégoût, non seulement il pouvait supporter, sans en être accablé, dans un âge si tendre, le poids d'un savoir énorme, mais encore les défauts de son éducation se changeaient pour lui en qualités ; tout lui réussissait, jusqu'à l'insuffisance de l'enseignement reçu ; il suppléait à cette insuffisance par l'effort personnel, et cela lui était bon. Il était de ceux qui, après avoir retiré d'un enseignement tout le profit qu'il peut directement offrir, savent encore en tirer ce que j'appellerai une utilité à côté, imprévue et paradoxale. Ainsi il n'avait ni la faculté poétique, ni l'intention ou la prétention de se faire poète ; mais il appréciait l'exercice du vers comme moyen de développer « la faculté de trouver promptement le mot propre ». De même « les fantaisies poétiques ou les conjectures philosophiques » de Platon n'étaient pas pour retenir son esprit, mais la méthode socratique, enseignée dans les Dialogues, était pour lui un excellent exercice dialectique, et, s'étant rompu à cette méthode, il pouvait se ranger parmi « les vrais disciples de Platon », à meilleur titre que « ceux qui adoptent de certaines conclusions dogmatiques, empruntées surtout aux moins intelligibles de ses écrits. » Enfin aucun enseignement pour lui n'était perdu. Les explications que lui donnait son père sur ses lectures de logique ne lui éclaircissaient rien, laissaient subsister toutes les difficultés ; mais elles ne lui étaient pas pour cela inutiles ; elles servaient à lui constituer un fonds d'idées. « Elles sont restées dans mon esprit, dit-

il, comme un noyau autour duquel mes observa
tions et mes réflexions ont pu se cristalliser. La
valeur des remarques générales que mon père
m'avait apprises se révélait à moi à chaque cas
particulier qui tombait par la suite sous mes observations. »

Au reste, l'enseignement que reçut Stuart Mill
fut, à certains égards, excellent et l'élève non seulement y a fait honneur, mais en a reconnu et
proclamé les mérites. Il ne voit qu'un reproche
à adresser à son père : « il comptait trop, dit-il,
sur l'intelligibilité de l'abstrait, présenté seul, sans
le secours d'aucune forme concrète. » Ce défaut
se rattache à ce que nous avons dit déjà de la
méconnaissance chez James Mill de l'intelligence
d'un enfant. Il est de plus caractéristique de l'esprit des philosophes en général, de celui de James
Mill en particulier, lequel raisonne en logicien
pur, en intellectuel de tempérament et de principes. Avec cette foi exclusive dans l'intelligence
en général, dont il ne soupçonne ni les lacunes
ni les bornes, justement ébloui de celle de son fils,
si ouverte, j'allais dire si complaisante, se laissant
aller enfin à sa propre nature, le père de Stuart
Mill ne pouvait manquer de faire trop appel à la
raison de son élève et de lui trop demander.

Cette double erreur psychologique et pédagogique n'allait pas d'ailleurs sans compensation, sans avantages pratiques. Sans rien retirer en effet de ce que nous avons dit ou laissé entendre des dangers de toute sorte que présente le surmenage ou le forçage de l'intelligence, il faut reconnaître qu'on étend les bornes de l'intelligence quand on ne lui assigne aucunes bornes, car c'est alors seulement qu'on la pousse jusqu'à ses dernières limites naturelles. Accordons donc à Stuart Mill que son éducation exceptionnelle lui a réellement valu une avance énorme sur ses contemporains.

Mais qu'entend-il par là ? Veut-il parler seulement d'une somme plus grande de connaissances, d'une supériorité du savoir ? Évidemment non ; il sous-entend une avance dans le développement de son esprit. Sa gratitude intellectuelle pour son père autrement ne paraîtrait plus justifiée, ou du moins ne le paraîtrait plus assez. Au reste, il ne distingue entre l'accroissement des connaissances et le développement mental que pour remarquer que ce fut le mérite de son éducation d'obtenir l'un par l'autre et de les faire marcher de pair.

L'avance donnée à Stuart Mill par son instruction eût été plus apparente que réelle, et ses facultés auraient été « surmenées », non « fortifiées », si la somme énorme de connaissances qu'on lui faisait acquérir s'était composée de faits confiés à sa mémoire, non assimilés par son esprit. Mais il n'en pouvait être ainsi, en raison, non seulement de la valeur intellectuelle de l'élève, mais encore de la nature d'un enseignement rationaliste quant à son objet et quant à sa méthode, qui faisait appel à la raison et ne visait qu'à la former. « Mon père ne permit jamais que mes leçons dégénérassent en un exercice de mémoire. Il tâchait de mener mon intelligence, non seulement du même pas que l'enseignement, mais encore de lui faire prendre les devants. *Tout ce que je pouvais apprendre par le seul effort de la pensée, mon père ne me le disait jamais, tant que je n'étais pas à bout de ressources pour le trouver moi-même.* »

S'il fondait sa philosophie sur l'expérience, James Mill n'était pas pour cela indifférent à la façon dont l'expérience s'acquiert, il voulait que cette acquisition fût l'œuvre de la raison personnelle, ou plutôt il mettait la raison au-dessus de l'expérience, puisqu'il n'avait recours en celle-ci qu'à défaut de celle-là. Il n'avait donc pas seulement foi, comme nous l'avons dit, en l'intelligence, en son étendue et son pouvoir, il avait encore le respect de l'intelligence, et ce respect se manifestait dans la matière et dans la forme de son enseignement.

L'éducation de Stuart Mill porte l'empreinte

du rationalisme, et elle en est le triomphe. James Mill traita son fils comme un pur esprit. Nul appel au sentiment, ou plutôt guerre au sentiment partout et sous toutes ses formes ! Guerre au sentiment en morale : les actes sont bons ou mauvais en eux-mêmes et dans leurs conséquences ; l'intention dans laquelle ils sont accomplis ne compte pas, ne peut être invoquée comme excuse. L'erreur est une faute ; il faut la haïr et haïr ceux qui se trompent. James Mill était tolérant pourtant, à sa manière ; il l'était par raison, parce qu'il comprenait « l'importance qu'il y a pour l'humanité à laisser à tous la liberté de leurs opinions ». A la base de cette tolérance, très réelle, très sincère, entière et profonde, aucune bonté, aucune indulgence, rien que le respect des intelligences et le culte de la vérité, laquelle ne peut être décrétée d'autorité et dépend, pour son établissement même, de la liberté, du droit reconnu à toutes les opinions de se produire. Est-ce là, comme le prétend Stuart Mill, « la seule tolérance qu'on puisse recommander, la seule qui soit possible aux esprits d'une haute moralité ? » Certes non, mais c'est une tolérance infiniment respectable et qui impose, quoique dure et hautaine.

La dureté, c'est au reste le caractère de James

Mill, si l'on fait consister la dureté dans le fait seul de la sécheresse, de l'absence de sentiment. Il était dur dans la vie, comme il l'était en théorie. Il l'était dans sa conduite envers les siens. C'est un point que Stuart Mill a touché avec beaucoup de respect et de délicatesse. « L'élément qui manquait le plus dans les rapports de mon père avec ses enfants était celui de la tendresse... Pour ce qui regarde mon éducation, dit-il, je n'ose décider si j'ai plus gagné que perdu par sa sévérité. Assurément ce n'est pas la sévérité de mon père qui m'a empêché d'être heureux dans mon enfance » et, d'une façon générale, « je ne pense pas qu'on puisse renoncer à se servir de la crainte comme d'un instrument d'éducation ; mais je sais bien qu'il ne faut pas lui accorder le rôle principal, et que, lorsque la crainte domine au point d'empêcher les enfants de donner leur amour et leur confiance à ceux qui devraient plus tard rester pour eux des conseillers sûrs, et peut-être de détruire chez l'enfant le penchant spontané et ouvert qui le porte à communiquer ses impressions, elle devient un mal qui vient réduire de beaucoup les avantages moraux et intellectuels qui peuvent résulter des autres parties de l'éducation ». Les restrictions mêmes que Stuart Mill apporte à ce jugement, la façon dont il dissimule le blâme sous la forme du regret, le rendent en quelque sorte plus impressionnant et font involontairement paraître la condamnation plus sévère.

Ce père si dur, qui se défiait de la tendresse et s'interdisait d'y faire appel, ne se défiait pas moins des autres sentiments, par exemple de l'amour-propre, et il mettait son fils en garde contre la suffisance et l'émulation, proposant pour but à son ambition, « non pas ce que les autres font, mais ce qu'un homme pourrait et devrait faire ». Ainsi il ne présentait à son enfant d'autre idéal qu'un idéal abstrait et rationnel, il ne lui prescrivait d'autre règle que le possible et le vrai, il ne s'adressait et ne croyait en conscience pouvoir s'adresser qu'à sa raison.

De tous les sentiments, celui dont il était le plus éloigné était le sentiment religieux. Il avait été instruit dans la foi de l'Église presbytérienne ; mais, par ses études et ses réflexions, il s'était détaché de toute religion, du déisme aussi bien que du christianisme, de la religion naturelle aussi bien que de la religion révélée. Il était arrivé « à cette conviction qu'on ne peut rien savoir de l'origine des choses ». Il était athée, ou plutôt s'interdisait toute opinion au sujet de Dieu, « trouvant l'athéisme négatif absurde » au même titre que le théisme, en tant que gratuit et arbitraire.

« En rejetant (ainsi) tout ce qu'on appelle croyance, il ne cédait pas, comme on pourrait le croire, à la force de la logique et de la preuve ; ses motifs étaient plutôt d'ordre moral que d'ordre intellectuel. Il ne pouvait croire qu'un monde si plein de mal fût l'œuvre d'un auteur qui réunit à la fois la puissance infinie, la parfaite bonté et la souveraine justice... Son aversion pour la religion était du même genre que celle de Lucrèce : il la regardait avec les sentiments que mérite, non pas une simple tromperie, mais un grand mal moral. Il la regardait comme la pire ennemie de la moralité, d'abord parce qu'elle crée des mérites fictifs, notamment l'adhésion à des formules de foi, la profession de sentiments de dévotion et la participation à des cérémonies qui ne se rattachent les unes et les autres par aucun lien avec le bonheur du genre humain ; ensuite, parce qu'elle les fait accepter comme tenant lieu de vertus véritables ; mais par-dessus tout, parce qu'elle corrompt essentiellement le criterium de la morale, en la faisant consister dans l'accomplissement de la volonté d'un être, auquel elle prodigue tous les termes d'adulation, en même temps qu'elle en fait la peinture la plus odieuse ». Dieu, en effet, dans tous les temps, y compris et surtout le Dieu du christianisme, représente « la conception la plus parfaite de la méchanceté que l'esprit humain puisse imaginer. Songez donc, avait-il coutume de dire, que cet Être a fait l'Enfer, qu'il a créé l'espèce humaine avec la prescience infaillible, et par conséquent avec l'intention que la grande majorité des hommes fussent voués pour l'éternité à d'horribles tourments ». Le christianisme, sans doute, ne fait pas tout le mal qu'il devrait faire, parce que les chrétiens sont illogiques, mais, en lui-même, il s'oppose, il tend à s'opposer au progrès des conceptions morales, et par là il est un mal.

Stuart Mill fut donc élevé en dehors de toute religion, selon les idées de son père, c'est-à-dire qu'il lui fut enseigné « que la façon dont le monde avait commencé était un problème sur lequel on ne savait rien ». Mais il apprit « ce que le genre humain avait pensé sur ces impénétrables problèmes ». S'il ne reçut point une éducation religieuse, il fut instruit de l'histoire de la religion, il connut le fait religieux. Il n'eut point à rejeter la croyance religieuse, il n'eut jamais cette croyance, mais il ne s'étonnait pas de la rencontrer autour de lui, sachant par l'histoire qu'il en avait toujours été ainsi. Il avait lu l'histoire ecclésiastique et pris intérêt à cette histoire, particulièrement à celle de la Réforme. Son esprit était donc ouvert à la religion, si son cœur lui était fermé.

Cette éducation irréligieuse ou plutôt areligieuse avait un inconvénient : elle exposait l'enfant à l'hostilité de ceux dont il rejetait les croyances. Une situation exceptionnelle devient aisément une situation fausse. « En même temps que mon père me donnait une opinion contraire à celle du monde, dit Stuart Mill, il crut nécessaire de me faire savoir qu'il n'était pas nécessaire d'en faire profession devant le monde. » Fâcheuse leçon de prudence qui pouvait être prise pour une leçon d'hypocrisie ! Stuart Mill lui-même n'est pas loin d'en juger ainsi ; il ne blâme pas cependant la prudence de son père, mais il la juge excessive ; il augure mieux de son temps ; il estime que, grâce au progrès de la liberté de discussion, il n'y a plus de raison aujourd'hui pour personne de ne pas avouer son irréligion, un seul cas excepté (et ainsi il s'agit bien, non d'une question de principe, mais d'opportunité), « celui où la sévérité en ces matières exposerait (les gens) à perdre leurs moyens d'existence ou à se voir exclus d'une carrière convenant à leurs aptitudes ». Mais, quand l'âge est venu, c'est un devoir pour chacun, surtout pour ceux qui sont en vue, de manifester ses opinions et Stuart Mill établit par des considérations élevées l'importance de ce devoir. « Une telle manifestation, dit-il, mettrait fin d'un seul coup, et pour jamais, au préjugé vulgaire, qui donne à ce qu'on appelle improprement l'incrédulité tous les vices de l'esprit et du cœur pour cortège. Le monde serait étonné s'il savait combien, parmi les hommes qui forment son plus brillant ornement, parmi ceux mêmes qui sont les plus haut placés dans l'estime publique par leur sagesse et leur vertu, il y en a qui sont complètement sceptiques en religion. Il en est beaucoup qui s'abstiennent de professer hautement leur irréligion, moins pour des considérations personnelles que parce qu'ils craignent, et bien à tort, selon moi, à l'époque où nous sommes, de faire plus de mal que de bien, en faisant très haut une profession de foi qui pourrait affaiblir les croyances acceptées et par suite relâcher les obligations qu'ils considèrent comme des freins. » Autrement dit, les honnêtes gens se doivent à eux-mêmes, et doivent aussi aux autres, de faire connaître les principes sur lesquels leur moralité se fonde. Il n'y a pas ici de conservatisme qui tienne ni de ménagements à garder. Stuart Mill ne dément point, comme on voit, son éducation ; il adopte les principes de son père et il ne se sépare de lui que pour y être plus fidèle et les pousser plus loin.

On peut dire que cette éducation de Stuart Mill,

qui fut un chef-d'œuvre de logique, de rigueur systématique, de fidélité à des principes clairement définis et nettement avoués, fut un triomphe, parce qu'elle germa sur un terrain favorable, un esprit, marqué de la vocation philosophique, s'étant trouvé à point pour recevoir une éducation rationaliste, donnée par un père philosophe. Grâce à une culture intensive fut obtenu le plus grand emmagasinement de connaissances de tout ordre en même temps que le meilleur rendement d'un esprit; ainsi se prépara une des gloires philosophiques de l'Angleterre. Stuart Mill, en suivant la direction qui lui avait été imprimée, semblait découvrir sa voie: il embrassait avec ardeur la doctrine qui lui avait été enseignée, le Benthamisme, et donnait pour but à sa vie de la répandre et d'en assurer le triomphe.

Mais cette éducation, si remarquable en elle-même et par son accord avec l'esprit qui la reçut, si efficace par suite et si féconde, échoua, si on peut dire, à force d'avoir réussi. Son succès même, justement parce qu'il avait été complet, devait faire la preuve de son insuffisance. C'est au moment où elle est achevée qn'on aperçoit ses lacunes. C'est quand le but est atteint que l'échec apparaît. Après avoir donné l'exemple si rare d'une adhésion entière à l'éducation reçue, Stuart

Mill donnera celui d'un détachement non moins complet à l'égard de cette éducation, et l'histoire de sa vie, dont l'événement capital est ce qu'il a appelé « une crise dans mes idées », sera deux fois significative, par l'action profonde qu'un père philosophe et une éducation exceptionnelle ont exercée sur lui et la réaction énergique, victorieuse, qu'il y a finalement opposée.

La crise philosophique de Stuart Mill est l'inverse, mais l'analogue, de la crise religieuse de Jouffroy. Elle éclata au même âge, dans les mêmes circonstances ; elle se traduisit par les mêmes sentiments, exprimés du même ton, du même accent, presque dans les mêmes termes. Jouffroy et Stuart Mill touchèrent le fond du désespoir en sentant, dit l'un, qu' « au fond de moi-même il n'y avait plus rien qui fût debout », que « tout ce qui m'avait, dit l'autre, soutenu jusqu'alors dans la vie s'écroulait ». Avec le même tempérament et dans les mêmes dispositions sentimentales, les deux philosophes traversaient la même phase d'une évolution fatale : celle qui mène, intellectuellement et moralement, de l'enfance à l'âge d'homme, d'une vie de tutelle et de dépendance à une vie d'initiative et de responsabilité personnelles ; ils voyaient s'ouvrir devant eux l'abîme creusé par la ruine des croyances et, se croyant incapables de le franchir jamais, ils se sentaient abattus, découragés, pleins de doutes et d'angoisses.

Cette crise morale était sans doute liée à une crise physique. Parmi les lacunes de son éducation, Stuart Mill indique qu'une part trop faible avait été donnée aux exercices du corps ; c'était également le défaut du régime scolaire au lycée et à l'École Normale, au temps de Jouffroy. A ce point de vue encore, la crise en question marquerait donc la faillite d'une éducation.

Mais bornons-nous à l'étudier telle qu'elle nous est présentée, comme une crise morale. Depuis 1821, époque de sa conversion au Benthamisme, Stuart Mill avait un but dans la vie, qui était de « travailler à réformer le monde. L'idée que je me faisais de mon propre bonheur, dit-il, se confondait entièrement avec cet objet ». En 1826, il tomba dans un état d'atonie morale, caractérisé par le détachement à l'égard de la mission sociale qu'il s'était donnée. C'est alors que, rentrant en lui-même, il se dit : « supposé que tous les objets que tu poursuis dans la vie soient réalisés, que tous les changements dans les opinions et les institutions, dans l'attente desquels tu consumes ton existence, puissent s'accomplir sur l'heure, en éprouveras-tu une grande joie, seras-tu bien heureux ? — Non, me répondit nettement une voix intérieure que je ne pouvais réprimer. Je me sentis défaillir... » La nuit vint et le sommeil. Au réveil, « je fis un nouvel appel à ma conscience ; j'entendis encore la funeste réponse. Je portais partout ma tristesse avec moi ; je la retrouvais dans toutes mes occupations. C'est à peine si parfois un objet avait le pouvoir de me la faire oublier quelques minutes. Durant plusieurs mois le nuage sembla s'épaissir toujours davantage ». Je revins « à mes livres favoris ; — je les lus sans rien éprouver, ou plutôt avec le même sentiment qu'autrefois, *moins le charme* ». Mes sentiments, mon « amour de l'humanité » étaient éteints. Et Stuart Mill ajoute qu'il ne trouvait personne à qui il pût confier ses peines. Son père était le dernier confident qu'il eût choisi ; il l'eût désespéré en lui révélant l'échec de l'éducation qu'il en avait reçue.

Car c'est son éducation que Stuart Mill rend responsable de son état d'esprit ; c'est d'elle qu'il souffre et croit avoir à se plaindre. Il lui reproche d'avoir été, non sans doute artificielle et fausse, mais prématurée et incomplète. La doctrine philosophique, dans laquelle il a été élevé et qu'il ne renie point, l'associationisme, lui fournit l'explication de la crise qu'il traverse. « L'association, dit-il, est la loi fondamentale et unique de l'esprit. » Il n'est pas douteux qu'on ne puisse, en vertu de cette loi, par « les vieux moyens vulgaires, l'éloge et le blâme, la récompense et le châtiment », pourvu qu'ils « soient appliqués de bonne heure et sans relâche,... produire des désirs et des aversions susceptibles de durer avec toute leur force jusqu'à la fin de la vie ». Mais les associations ainsi formées ne laissent pas cependant d'avoir toujours « quelque chose d'artificiel et d'accidentel ». Or il est au pouvoir de « l'analyse » de dissoudre toutes les associations autres que naturelles. L'esprit de critique ou d'analyse, que la philosophie développe, sera-t-il donc destructeur de l'éducation, entendue comme créatrice des sentiments au moyen de l'association ? Autrement dit, l'éducation rationnelle ou philosophique porte-t-elle son ennemie avec elle, a-t-elle en elle un germe de destruction et de mort ? L'analyse ruinera-t-elle tout ce que l'association édifie ? Cela semble inévitable et ne pourra être en effet évité que si l'on établit un juste équilibre entre ces forces antagonistes : l'association et l'analyse. Mais on ne peut fortifier l'une qu'en lui faisant prendre une avance sur l'autre. Il faudra donc développer les sentiments avant que la raison ne s'éveille ; ce sont comme des préjugés qu'il faut se hâter de rendre indestructibles, en utilisant l'aptitude du cerveau à recevoir dans l'enfance des impressions fortes et à s'en imprégner à jamais ; « pour rendre les associations durables, il faut faire en sorte qu'elles soient fortes et déjà invétérées et, pour ainsi dire, réellement indissolubles, avant que la faculté d'analyse commence à s'exercer » et même, pouvons-nous ajouter, sans forcer la pensée de Stuart Mill, pour que dans la suite elle ne puisse plus s'exercer.

Ce que Stuart Mill reproche à son éducation, c'est précisément de l'avoir rendu incapable d'éprouver les sentiments qu'il était digne d'éprouver et qui pouvaient le rendre heureux, comme l'amour de l'humanité, en développant prématurément en lui la faculté d'analyse qui lui révélait l'origine factice de ces sentiments et lui ôtait par là même la possibilité ou les moyens de les acquérir.

« J'avais beau savoir, dit-il, qu'un certain sentiment me procurerait le bonheur, cela ne me donnait pas ce sentiment. Mon éducation, pensais-je, n'avait pas réussi à créer en moi ce sentiment, ou à lui donner assez de force pour résister à l'influence dissolvante de l'analyse, tandis qu'elle avait visé constamment à faire d'une analyse précoce et prématurée une habitude invétérée de mon esprit. Je venais donc, me disais-je, d'échouer en sortant du port, avec un vaisseau bien armé, pourvu d'une boussole, mais privé de voiles ; il n'y avait en moi aucun désir véritable, qui me portât vers la fin qu'on s'était proposée, quand on avait dépensé tant de soins à m'armer pour la lutte. Je ne prenais aucun plaisir à la vertu, ni au bien général, et je n'en prenais pas davantage à autre chose. Les sources de la vanité et de l'ambition paraissaient taries en moi, aussi complètement que celles de la bienveillance... Ni les plaisirs égoïstes ni ceux qui leur sont opposés n'étaient des plaisirs pour moi. Il me semblait qu'aucune puissance dans la nature ne pouvait refaire mon caractère et créer dans mon esprit, alors irrévocablement analytique, de nouvelles associations de plaisir avec n'importe lequel des objets que l'homme désire. »

Cette inaptitude au bonheur, que Stuart Mill observait en lui, devenait plus complète et plus irrémédiable encore du fait même de cette analyse qui lui en découvrait les causes et lui en démontrait la nécessité. La raison subsistait entière dans ce naufrage philosophique ; elle assistait aux ruines qu'elle avait faites, elle se rendait compte de sa force destructive et de son impuissance à rien fonder, mais elle ne se reniait pas pour cela et n'en venait pas à se détruire elle-même. Le découragement de Stuart Mill eût été moins profond, s'il lui eût paru moins justifié ; mais il sentait qu'étant ce que l'éducation l'avait fait, il ne pouvait être heureux et que, d'autre part, il ne pouvait cependant rejeter cette éducation, se dépouiller de la mentalité qu'elle lui avait faite. Il n'avait pas perdu la foi en sa raison, considérée comme un outil perfectionné, mais il en contestait la valeur pratique, ou plutôt il n'en voyait plus l'usage, depuis qu'il lui était démontré que la raison l'éloignait du bonheur. Ainsi était établi l'échec total, irréparable d'une éducation tout intellectuelle.

Logiquement la « crise » ne pouvait se dénouer. Elle se dénoua pourtant naturellement et d'elle-même. C'est que le mal était moins grave que Stuart Mill ne l'avait cru. L'analyse n'avait pas entièrement desséché son cœur. Il découvrit qu'il était capable d'émotion : il pleura d'attendrissement en lisant une scène des Mémoires de Marmontel. Ces larmes bienfaisantes furent une rosée d'aurore. Les yeux de Stuart Mill virent poindre dans cette buée d'attendrissement une vie morale nouvelle. Sans perdre sa foi philosophique dans l'utilitarisme, sans cesser de regarder le bonheur comme la fin suprême, il entrevit une nouvelle forme de bonheur dans le désintéressement où plutôt une nouvelle façon d'être heureux, qui est de l'être sans y tendre, qui est de ne point chercher le bonheur, mais de le « cueillir en passant », de ne pas le prendre pour but de la vie, mais de « le respirer avec l'air, sans y penser, sans demander à l'imagination de le figurer par anticipation, et aussi sans le mettre en fuite par une fatale manie de le mettre en question ». Ici apparaît vraiment, pour la première fois, la réaction de Stuart Mill contre son éducation ; il se révolte, il secoue le joug ; il ne veut plus être un simple écolier, il réclame sa part d'enfance dont on l'a frustré, il comprend qu'il ne peut être heureux sans cela ou plutôt il comprend que, pour goûter le bonheur, il faut avoir une âme d'enfant et que c'est cela justement qui lui a manqué. Il découvre le sens humain de la parole du Christ : En vérité, je vous le dis, si vous n'êtes semblables à l'un de ces enfants, *vous n'entrerez point au royaume des cieux*. Et comme il faut que le philosophe se retrouve, au moment même où il se dégage de la philosophie et regrette les ravages qu'elle a faits dans son âme, il généralise son expérience personnelle, l'érige en théorie, au moins en théorie personnelle ou valant pour lui et pour les hommes semblables à lui. « Cette *théorie*, dit-il, devint alors la base de ma philosophie de la vie ; et je la conserve encore, comme celle qui convient le mieux aux hommes qui ne possèdent qu'une sensibilité modérée, qu'une médiocre aptitude à jouir, c'est-à-dire à la grande majorité de notre espèce. »

Stuart Mill a raison de parler d'une « crise dans ses idées », en ce sens que, quoiqu'il s'agisse d'une crise morale, cette crise se traduit et s'exprime finalement par une révolution intellectuelle. Jugeant son éducation par ce qui lui a manqué comme par ce qui lui est échu, jugeant ce que doit être l'éducation en général, il en vient à penser que ce n'est pas assez d'élever l'homme, « en vue de la spéculation et de l'action », mais qu'il faut lui donner « une culture intérieure » c'est-à-dire qu'il faut développer ses sentiments, les alimenter, les féconder aussi bien que les régler. Il en vient à recommander spécialement ce qui lui a manqué, le bienfait d'une éducation sentimentale, sans méconnaître pourtant celui de la culture intellectuelle qu'il a reçue.

« Je ne reniais pas la culture intellectuelle et ne cessais pas, dit-il, de considérer la faculté et la pratique de l'analyse comme des conditions essentielles aussi bien du développement de l'individu que de celui des sociétés. Mais je comprenais que l'analyse produisait des conséquences qu'il fallait corriger en cultivant concurremment d'autres facultés. Il me semblait d'une importance capitale de conserver une balance convenable entre les facultés. La culture des sentiments devint un des points cardinaux de ma croyance en morale et en philosophie. Ma pensée et mes sentiments se tournèrent de plus en plus vers tout ce qui était susceptible de servir d'instrument pour cette culture, c'est-à-dire vers les arts, la poésie, la musique. »

L'éducation de Stuart Mill aboutissait ainsi naturellement, par réaction, à une éclosion sentimentale que rien, semblait-il, ne faisait prévoir, mais que tout, en réalité, avait amené. Il est dans l'ordre qu'un excès rejette dans l'excès contraire, que l'intellectualisme des pères engendre le sentimentalisme des enfants. L'évolution mentale de Stuart Mill fut exactement celle d'Auguste Comte. Lui-même a distingué chez le philosophe français, qu'il reconnut un moment pour son maître, deux philosophies qui se succèdent et se contredisent : le positivisme et le mysticisme. Son propre sentimentalisme final n'est-il pas aussi en désaccord avec le rationalisme de sa jeunesse ? Mais il convient d'être plus juste envers Stuart Mill qu'il ne l'a été envers Auguste Comte et de rendre hommage à l'unité interne et profonde de sa vie et de sa pensée. La révolution qui paraît s'accomplir dans ses idées est en réalité une évolution normale. Sa seconde philosophie ne contredit point, mais développe et continue la première. C'est parce que ses facultés affectives ont été comprimées et refoulées dans son enfance studieuse qu'elles s'épanouissent sur le tard dans toute leur fraîcheur et leur éclat. C'est son éducation qui l'a préparé à subir l'influence de Mrs Taylor, comme Auguste Comte a subi celle de Clotilde de Vaux, à modifier ses idées sous cette influence et à devenir l'apôtre et le champion du féminisme. Il faut dire encore que la marque de son éducation se retrouve dans son sentimentalisme même, lequel garde quelque chose de cérébral, est romanesque et raisonné, relève de l'imagination et se présente sous une forme théorique et systématique. Il a une attitude sentimentale tendue et voulue, non exempte d'exagération et de raideur. C'est ainsi que le parvenu paraît prendre sa revanche de l'humble condition d'où il est sorti, aime trop le confort et le luxe, force la note de l'élégance et ne porte pas aisément, naturellement sa dignité et son rang. L'empreinte de l'éducation reste ainsi sur ceux mêmes qui paraissent triompher de l'éducation.

Ainsi, en résumé, la vie de Stuart Mill offre l'exemple de la nature individuelle la plus riche, la plus originale et la plus sincère, aux prises avec l'éducation la plus achevée, la plus systématique et par là même, en un sens, la plus oppressive. On imaginerait difficilement un esprit plus docile, au sens propre et élevé du terme, se livrant plus pleinement aux influences, plus ouvert à l'instruction, y accomplissant des progrès plus éclatants, plus profonds et plus assurés et en même temps plus indépendant, ne laissant ni entamer ni réduire sa personnalité, jugeant avec sa raison, sentant avec son cœur, et rompant finalement, sans éclat ni révolte impulsive, mais par un instinct sûr et d'une vue réfléchie, avec une éducation dont il ne méconnaît pas les bienfaits, mais dont il sent l'étroitesse et comprend les lacunes. L'éducation de Stuart Mill est hautement significative parce qu'elle apparaît sous le double aspect, positif et négatif, que toute éducation doit offrir, comme une action, provoquant une réaction : elle atteint et dépasse le but visé, elle peut être regardée comme le succès le plus grand et l'échec le plus complet ; elle est l'intellectualisme triomphant, décelant sa faiblesse dans son triomphe même ; elle est la critique d'un système, ressortant de son histoire ; elle a une portée générale, la valeur d'une leçon tirée des faits. La supériorité du maître et de l'élève, la rigueur du système suivi, rendent cette leçon plus éclatante encore : l'insuffisance de l'éducation rationaliste, réalisée dans ces conditions, sous une forme et à un degré de perfection difficilement accessibles et rarement atteints, est établie autant qu'elle peut l'être et ne saurait être imputée qu'aux principes de cette éducation.

CHAPITRE IV

Une évolution intellectuelle et morale de la religion a l'areligion.

EDMUND GOSSE.

Père et fils[1] réunit tous les genres d'intérêt : d'abord l'intérêt historique ou documentaire ; c'est le récit « attentif jusqu'à la minutie, scrupuleusement vrai dans tous ses détails », d'une éducation exceptionnelle, poursuivie dans des conditions de vie religieuse et morale qui ne se verront plus ; à l'exactitude matérielle de ce récit, que l'auteur a pris soin d'écrire à l'âge où la mémoire est intacte et le jugement sûr, se joint la vérité de l'analyse psychologique, si rare dans ces sortes d'autobiographies ; nulle trace ici d'apologétique personnelle, d'attendrissement sur soi ; — ensuite l'intérêt littéraire ou artistique ; l'âme

1. Edmund Gosse, *Père et fils* (Paris, *Mercure de France*, in-12).

est remuée dans ses profondeurs par le pathétique
d'un drame de conscience et l'esprit s'amuse du
pittoresque d'un monde d'autrefois ; — enfin
l'intérêt didactique ou pédagogique, à nos yeux,
le plus grand. Prenons garde de juger sans portée
une éducation peut-être sans exemple. Son caractère exceptionnel, outré, fanatique, ne la rend
plus ressortante ; il ajoute à son prix ; il lui donne
la valeur d'une expérience. Nous avons ici, ac-
centués et grossis, tous les vices, tous les défauts
et dangers d'une éducation bien intentionnée,
consciencieuse et honnête, mais bornée, systématique et aveugle. La forme religieuse de cette éducation peut paraître périmée ; mais, outre que
cette forme peut revenir, n'a-t-elle pas aujourd'hui
ses analogues et ce qu'on dira ici d'un fanatisme
spécial ne s'applique-t-il pas, *mutatis mutandis*, à
tous les autres ?

Nous allons assister, dit l'auteur, à « une lutte
entre deux tempéraments, deux consciences et
presque deux époques. Elle finit, comme il était
inévitable, par une rupture ». Mais en se sépa-
rant, parce qu'ils « ne parlent plus la même
langue, ne partagent plus les mêmes espérances
et ne sont plus soutenus par les mêmes aspirations », deux êtres humains peuvent garder l'un
pour l'autre « des sentiments de respect et une

mélancolique indulgence ». Ainsi se séparent ici, pour suivre chacun sa voie, le père et le fils. Si leurs dispositions morales eussent été différentes, dit gravement l'auteur, « ce livre n'eût pas été écrit ». Il n'est donc pas, comme l'*Enfant* de Jules Vallès, un livre de révolte ; il est sans doute satirique, amer ; il peut paraître irrévérencieux ; je crois même qu'il l'est ; mais il ne veut pas l'être, il ne l'est pas d'intention, et c'est là une nuance.

L'enfant, dont nous allons raconter l'émancipation intellectuelle, religieuse et morale, fut élevé dans un milieu puritain. Ses parents étaient de classe moyenne, mais pauvres, descendant de familles ruinées ; son père écrivait des livres sur l'histoire naturelle, sa mère, des livres d'édification pieuse. Ils menaient une vie étroite, retirée, fermée à l'art, aux joies terrestres, ouverte d'un seul côté, sur l'infini du ciel ; ils avaient les plus grandes vertus : la pureté, l'intrépidité, l'abnégation, mais manquaient « du don de sympathie humaine » ; ils se soumettaient entièrement à la volonté divine ; leur mot, dans les circonstances graves, était : « Exposons nos difficultés au Seigneur ». Toutes leurs pensées étaient tournées vers Dieu, revêtaient la forme religieuse. Ils aimèrent pieusement leur fils, ils voulurent en faire un élu ; à six semaines, ils le consacrèrent au Seigneur. Il lui donnèrent une éducation exclusivement religieuse, partant insuffisante, pleine de lacunes, intellectuellement pauvre, dénuée, vide d'affections, bien plus, fausse, contraire à la nature de l'homme et de l'enfant.

Cette éducation était plus qu'austère. Qu'on en juge par ce trait. L'enfant élevé à la maison, sans camarades, n'avait d'autres distractions que les livres, et d'autres livres que des livres d'histoire naturelle, de voyages, de théologie. Les « histoires » étaient proscrites, regardées comme un péché, *histoire* étant synonyme de fiction, de mensonge.

Ma condition était unique parmi les enfants de parents cultivés. Par suite de la règle sévère à laquelle j'étais soumis, pas une seule historiette ne m'a été lue ou racontée pendant toute mon enfance. Le ravissement de l'enfant qui, par ses cajoleries, persuade à sa mère ou à sa bonne de retarder l'heure du coucher et de lui raconter une histoire qu'il écoute, assis sur leurs genoux, confortablement enveloppé, près du feu de la chambre à jouer, ce ravissement, je ne l'ai pas connu. Jamais, dans ma première enfance, ne m'a été adressé cet émouvant préambule : « Il y avait une fois... » On me parlait de missionnaires, jamais de pirates ; je connaissais familièrement les oiseaux-mouches, mais je n'avais jamais entendu parler de fées ; je ne comptais pas Jack le tueur de géants, Rumpeltilskin et Robin Hood parmi mes connaissances et, tout en ayant des notions sur les loups, j'ignorais jusqu'au nom du Petit Chaperon Rouge (p. 41).

Ce n'est pas seulement retirer à l'enfant une joie de son âge, que « d'exclure de son étude des faits tout ce qui parle à l'imagination », c'est encore nuire à son développement, dessécher son esprit.

Mes parents « voulaient me rendre véridique, ils m'ont rendu positif et sceptique. S'ils m'avaient enveloppé dans les plis moelleux de la fantaisie surnaturelle, mon esprit moins questionneur se serait peut-être plus longtemps contenté de suivre leurs traditions » (p. 42).

Ainsi une éducation maladroite provoque une réaction, travaille contre soi. J'appelle maladroite une éducation qui ne fait pas à l'enfance sa part, qui ne sympathise pas avec elle, ne la laisse pas s'épanouir, mais la comprime, la ternit et l'étiole, sans le savoir et sans le vouloir, et pourtant de façon systématique, au nom de principes arrêtés. Une telle éducation n'exclut point l'affection et la bonté. Edmund Gosse fut tendrement aimé par son père, qui voyait en lui « un gentil petit garçon sans rien de remarquable », plus tendrement encore, je veux dire avec plus d'illusion, par sa mère, qui ne doutait pas que « son caneton solitaire ne fût un petit cygne ». Ses parents lui firent une vie douce et même gaie. Ils avaient le badinage innocent des âmes pieuses, des nonnes au couvent. Mais ils croyaient pouvoir être tout pour lui. Il ne connut jamais d'autres enfants. Il est vrai, dit-il, que je n'en sentais pas le besoin. Cela fait penser à l'enfance de Racine à Port-Royal, égayée aussi par le bon rire de Lancelot. C'est le même abandon, offrant le même danger. « Représentez-vous cet enfant tout seul au milieu de ces saints, d'ailleurs occupés de leurs dévotions et de leurs travaux. » « L'absence d'enfants de son âge », l'austérité de cette maison, « tout cela était évidemment fort propre à le jeter dans la rêverie. Il dut rêver beaucoup. Et sa sensibilité, repliée sur soi, secrète, sans confident, dut se faire par là plus profonde et plus délicate ». C'est Jules Lemaître qui parle ainsi de Racine. Rien ne saurait s'appliquer mieux à Edmund Gosse.

Il eut de bonne heure une vie propre, intérieure. Par là il échappa aux contraintes de son éducation, il se rendit libre. On l'élevait selon les principes d'une religion arrêtée dans ses dogmes, rigoureuse, absolue; il n'en prit que ce que son expérience et son imagination en pouvaient admettre, et donna à sa foi chrétienne la forme imprévue d'un paganisme puéril. Son père lui était présenté comme l'interprète de la parole de

Dieu ; il découvrit qu'il était homme et faillible, et ce fut le premier choc donné à ses croyances, le premier grand événement de sa vie morale.

Un matin, dit-il, durant ma sixième année, comme ma mère et moi étions dans le petit salon, mon père entra et nous raconta un fait quelconque. Je reçus un choc, qui me frappa comme un coup de foudre, car ce que mon père avait dit *n'était pas vrai*. Ma mère et moi avions été témoins du fait, insignifiant en soi, et nous savions que les circonstances n'étaient pas tout à fait celles qu'on lui avait rapportées. Ma mère le lui dit doucement et il accepta la rectification. Pour mes parents, cet incident n'eut pas la moindre importance. Mais, pour moi, il fit époque.

J'avais fait cette découverte stupéfiante, insoupçonnée jusque-là : mon père n'était pas comme Dieu, il ne savait pas tout. Le choc ne fut pas causé par le soupçon qu'il ne disait pas la vérité, mais par la preuve épouvantable qu'il n'était pas omniscient, comme je le croyais (p. 51).

En même temps qu'il perd ainsi la foi en son père, l'enfant fait une autre découverte. Il se confirme d'abord dans la pensée que son père ne sait pas tout, il en acquiert une nouvelle preuve, car il perce le tuyau d'un jet d'eau, ce qui cause dans le jardin un grand dégât, et on ne s'avise pas que c'est lui ; son forfait reste ignoré. « Il y avait donc un secret en ce monde et ce secret m'appartenait. » Autrement dit, l'enfant s'aperçoit qu'il existe à part des autres, qu'il a son individualité qui leur échappe, ses pensées qui lui sont propres, et que seul il connaît. Dès lors il va cultiver son jardin secret ; il développera son moi fermé, impénétrable ; il aura ses pensées, qu'il ne confiera à personne et qui se dérouleront selon sa logique à lui ; il aura ses fictions, ses rêves, ses superstitions païennes ; ainsi il croira à la vertu magique des mots, des passes, des chants, des formules cabalistiques, il retrouvera, par une sorte d'instinct spontané, sans que « rien d'extérieur » ne les lui « suggère », « les croyances des sauvages à l'état primitif ». Et cette « fermentation intellectuelle », que les parents ne soupçonnent pas, est si active qu'elle épuise ses forces et qu'il tombe malade.

Voilà l'origine de la conscience individuelle, l'éclosion de la personnalité, de l'esprit d'indépendance chez l'enfant. Mais ce n'est pas seulement en s'isolant, en se créant une retraite cachée, un for intérieur, que l'enfant affirme son originalité, c'est encore en se détachant de l'éducation qu'il reçoit, en la narguant, la frondant avec une malice ingénue, ou en l'interprétant à sa manière, en la détournant de son sens. Ainsi Edmond Gosse, à qui ses parents disaient : « Tout ce dont tu as besoin, demande-le au Seigneur, et il te l'accordera, si c'est sa volonté », eut l'idée de prier Dieu de lui accorder une « toupie ronflante, coloriée », dont il avait grande envie. Quoiqu'il s'adressât respectueusement à Dieu, sans omettre la restriction prudente, « si c'est Ta volonté », son père le trouva mauvais et lui déclara qu'il ne devait « pas prier pour ces choses-là ». Pas pour ces choses-là, alors qu'on lui enseignait qu' « aucune chose, aucune circonstance n'étaient trop insignifiantes pour les exposer au Dieu de l'Univers » ! alors qu'on lui demandait de prier « pour la conversion des païens et le retour des Juifs à Jérusalem », deux sujets qui l'intéressaient moins, lui tenaient moins à cœur que cette toupie ! Il y avait donc un droit dont les enfants étaient exclus, le droit de s'adresser à Dieu dans leurs besoins ! Voilà ce qu'on lui signifiait, d'un ton péremptoire, renonçant à le convaincre, usant avec lui d'autorité. « Je cédai, dit-il ; mais dès lors ma foi dans l'efficacité de la prière fut ébranlée. Un soupçon terrible avait traversé mon esprit ; je me demandais si la raison pour laquelle je ne devais pas prier pour la toupie n'était pas qu'elle était trop chère pour mes parents, raison qu'on me donnait ordinairement pour ne pas acheter ce dont j'avais envie » (p. 65).

Le doute, qui se glisse ainsi dans l'esprit de l'enfant, va se préciser, s'aggraver, devenir agressif, prendre la forme du défi. On lui avait représenté l'idolâtrie comme le plus grand des péchés, on lui avait dit que Dieu « ferait sentir sa colère contre quiconque adorerait un objet en bois ou en terre ». Il voulut savoir si, en cela, on ne le trompait pas comme sur la question « de savoir pourquoi, si nous sommes les enfants de Dieu et s'il veille sur nous nuit et jour, nous ne pouvons pas lui demander, dans nos requêtes, des joujoux, des bonbons et de beaux habits, tout aussi bien que la conversion des païens ».

Je décidai alors de tenter l'aventure et, un beau matin, pendant que mes parents étaient partis, je me préparai à ce grand acte d'hérésie... Je hissai, non sans peine, une petite chaise sur la table, près de la fenêtre. Mon cœur battait à se rompre, mais je persistai dans mon entreprise. Je m'agenouillai sur le tapis, face à la table et, levant les yeux au ciel, je répétai ma prière quotidienne à haute voix, substituant seulement : O chaise ! à l'invocation habituelle.

Après avoir accompli sans encombre cet acte d'idolâtrie, j'attendis pour voir ce qui allait arriver. Le temps était beau et je fixai mes regards sur un coin du ciel blanc au-dessus des maisons, en face, où je pensais voir apparaître quelque chose. Dieu allait certainement manifester sa colère de quelque manière terrible et châtier cet acte d'impiété volontaire. J'étais certes alarmé, mais encore plus excité ; tout mon être respirait un défi hautain et opiniâtre. Mais rien n'arriva :

il n'y eut pas un nuage dans le ciel, pas un bruit insolite dans la rue. Au bout d'un moment, je fus tout à fait sûr que rien ne se passerait. J'avais commis un acte d'idolâtrie flagrante, volontaire, et Dieu était resté indifférent (p. 68).

Ne voyons pas là un sacrilège, ou du moins n'y voyons qu'un sacrilège d'enfant ; ne parlons pas non plus de doute ni d'esprit critique ; l'enfant paraît avoir tenté une expérience ; mais il n'en a rien su conclure ; du moins il n'en a rien conclu contre « la toute puissance de Dieu », mais « sa confiance dans les lumières de son père sur la volonté divine » s'en est trouvée encore diminuée.

C'est donc contre son éducation seulement que l'enfant réagit. Il sent d'instinct que c'est d'elle qu'il a à se défendre. Elle l'opprime, elle l'accable ; c'est un poids trop lourd que son esprit ne peut porter. Par son objet, par sa nature, par sa forme dogmatique, par son degré d'intensité, elle est disproportionnée à lui. Cette éducation est religieuse, prématurément, indiscrètement religieuse. Elle est incessante et fondée sur l'étude minutieuse de la « Bible ». Elle a le caractère doctrinal qu'elle ne devrait pas avoir ; elle est plus théologique que morale ; elle est faite pour rebuter un enfant. Elle réunit tous les défauts que Rousseau relève dans l'éducation commune.

L'enseignement de mon père était presque uniquement doctrinal. Il ne se rendait pas compte de la valeur d'une idée *négative*, c'est-à-dire celle qui, laissant agir la nature, se réserve de remplir les lacunes en son temps, quand l'esprit est plus mûr. Il ne se contentait même pas de ces injonctions morales qui devraient former la base de toute éducation enfantine. Dans son désir fébrile de hâter mon développement spirituel, il me nourrissait d'aliments théologiques qu'il m'était impossible de digérer... J'ai entendu dire que certains enfants méthodistes de ma génération ont été nourris d'un ouvrage intitulé : *Ligne après ligne. Ici un peu et là un peu.* L'ambition de mon père était trop grande pour se soumettre en quoi que ce soit à la méthode que suggère un pareil titre et il commit, à son point de vue, une faute irréparable en cherchant à bâtir des clochers et des créneaux sans avoir pris la peine de creuser d'abord les fondements (p. 116).

Le moindre défaut d'un tel enseignement était de rester sans effet. Il avait l'inconvénient plus grave de fausser l'esprit de l'enfant, de le rendre fanatique, de lui communiquer une haine aveugle et irraisonnée, non seulement pour toute doctrine contraire à la sienne, comme le catholicisme, mais encore pour l'objet même de sa foi mal compris, et par exemple pour la « Loi », conçue par lui comme « un être méchant et cruel », à la suite de la lecture d'un texte de Saint Paul, où la lettre est opposée à l'esprit.

Contre cet enseignement, l'esprit de l'enfant se défendait de deux manières : il se fermait, ou s'échappait à côté. Il opposait aux idées de son père « une résistance passive ».

Ce que je n'avais pas souci d'y accueillir, je le laissais passer, dit-il, au-dessus de mon esprit par ce procédé curieux dont usent tous les enfants lorsqu'ils ne veulent pas recevoir une impression, augmentant, pour ainsi dire, l'épaisseur et comme la densité de leur esprit, et remportant ainsi par leur stupidité la victoire que l'insuffisance de leur argumentation n'aurait pu leur donner. Je crois que cette tactique fut souvent la mienne, et que mon père s'est fréquemment heurté au mur de mon obstination, bien que, par d'autres côtés, ma nature fût ouverte et docile à son influence (p. 201).

A cet art de fermer son esprit à ce qu'on veut lui apprendre l'enfant joint celui d'ouvrir son esprit à ce qu'on veut lui cacher. Il sait écouter sans en avoir l'air et devine ce qu'on ne lui dit pas. Ainsi tout n'allait pas pour le mieux dans le monde des Saints. L'Église avait ses scandales. On s'efforçait de me le cacher, dit Edmund Gosse.

Mais les cruches ont des oreilles et j'étais une maligne petite cruche. J'avais cultivé l'art de paraître absorbé en quelque autre chose : livre ou fleur, tandis que mes aînés parlaient confidentiellement. Aussi, encore que j'en eusse volontiers appris davantage, j'étais en général bien informé des défaillances des Saints, tout en étant souvent singulièrement ignorant de la nature réelle des fautes commises. (p. 227).

Tous les traits d'irrévérence d'Edmund Gosse à l'égard de son père (et ils sont nombreux et raides) partent de la même source ; ils ont pour cause l'incompréhension. Son esprit se détourne de ce qu'on lui enseigne et se rabat à côté : le sérieux le confond, la bagatelle l'amuse, le sens des pratiques de dévotion lui échappe, et il s'en tient à l'attitude, au geste, qui prend alors un caractère comique et un peu ridicule. Voici par exemple une observation, où le sacré et le profane font un curieux mélange.

Nous étions au culte de famille lorsqu'un papillon de nuit brun entra en volant par la fenêtre. Ma mère interrompit immédiatement la lecture de la Bible en disant : Oh ! Henry, croyez-vous que c'est peut-être le *Boletobia*? Mon père se leva au milieu de la lecture du livre sacré, examina l'insecte qui venait de se poser et répondit : Non, c'est un papillon commun, *l'Orgygia antiqua*. Et reprenant son siège, il continua l'explication de la parole de Dieu sans faire la moindre excuse et sans montrer aucun embarras (p. 50).

Ceci n'est qu'amusant. Voici qui peut être sans exagération qualifié d'impertinent.

Mon père priait à haute voix, dans ma chambre, au chevet de mon lit ; un insecte se mit à bourdonner, autour de ma tête. Je le supportai en silence, comme fasciné jusqu'à ce qu'il chatouillât presque mon menton; alors je criai : « Papa! Papa! » Mon père se leva furieux, enleva l'insecte (qu'était un insecte pour lui!) et me tança d'importance.

Il m'est difficile de m'expliquer la violente semonce que m'infligea mon père au sujet de mon cri, sinon qu'il céda à un sentiment de vanité bien humaine. Je ne peux m'empêcher de croire qu'il aimait s'entendre parler à Dieu devant un auditoire admiratif. Il priait avec ferveur et animation, en un pur anglais Johnsonien, et j'espère que je ne suis pas irrespectueux (!) en ajoutant qu'il semblait se complaire dans le son de ses propres dévotions. Mon cri de détresse avait, pensait-il, inutilement interrompu cette sainte et digne cérémonie.

— Toi, enfant d'un naturaliste!.. Tu prétends qu'un insecte s'approchant de toi te fait peur! Cela ne peut être que pour éviter de témoigner de la foi en la prière. Si ton cœur avait fait son choix, s'il soupirait après le Seigneur, il faudrait plus que les mouvements d'un coléoptère pour troubler tes prières ferventes auprès de son Trône. Prends garde, ce Dieu est un Dieu jaloux, et il consume dans sa colère celui qui aboie comme un chien (p. 176).

On pourrait relever dix traits de ce genre. L'auteur qui s'amuse rétrospectivement à refaire la harangue paternelle, et qui y emploie son art autant que sa mémoire, a donné bien d'autres échantillons de ce style dévot, qui détonne si drôlement dans la vie familière, et qu'Alphonse Daudet appelait *le patois de Chanaan*. Il y a une certaine histoire de *pudding*, préparé en cachette à la cuisine en l'honneur de *Christmas* (le père avait en horreur cette fête religieuse, qu'il jugeait catholique et païenne, et en interdisait la célébration à la maison) et dont un morceau, donné à l'enfant, lui était resté sur l'estomac. Il lui fallut donc confesser le péché, ce qu'il fit en ces termes : « O Papa, Papa, j'ai mangé de la chair offerte aux idoles ! » Sainte indignation du père ; le reste du pudding fut jeté au fumier. — Mais l'espièglerie la plus forte est la suivante. Le petit Edmond Gosse avait été invité à un thé chez des amis. Le père n'avait pas envie qu'il acceptât l'invitation, il ne voulait pas cependant prendre sur lui de la refuser. Il s'avisa de « placer l'affaire devant le Seigneur ».

C'est ce que nous fîmes, agenouillés côte à côte... Mon père priait à haute voix, avec une grande ferveur, demandant qu'il pût m'être révélé, par la voix de Dieu, si la volonté du Seigneur était que je me rendisse ou non à l'invitation des Brown. L'attitude de mon père ne me semblait guère loyale, puisqu'il n'avait aucun scrupule de remémorer à la Divinité les objections variées que l'on peut opposer à une vie de dissipation et les reptiles qui se dissimulent dans l'herbe des parties de plaisir vespérales. Une honnêteté plus scrupuleuse aurait voulu, me semblait-il, qu'il ne fît aucune allusion qui donnât à entendre l'espèce de réponse qu'il désirait et qu'il attendait.

... Tandis que j'étais agenouillé, me sentant tout petit, auprès de la masse immense de mon père, la détermination de me révolter courut à travers mes veines comme une ivresse.

Mon père, parfaitement confiant dans le succès de ce qui avait été en réalité une sorte d'incantation, me demanda d'une voix forte, où passait une inflexion câline : « Eh bien ! Quelle est la réponse que daigne accorder le Seigneur ? » Je ne desserrai pas les dents. (Mon père) répéta la question. Alors ma réponse vint, sur les notes aiguës et sifflantes du désespoir, et ce fut : « Le Seigneur dit que je puis aller chez les Brown ». Mon Père, muet et horrifié, me dévisagea. Il était pris à son propre piège et, bien qu'il fût certain que le Seigneur ne m'avait rien dit de semblable, il n'y avait pour lui d'autre moyen de se tirer de là qu'en battant simplement en retraite. Toutefois il commit une erreur de tactique en tirant sur lui la porte avec fracas (p. 285).

Restons-en sur cette gaminerie. J'en ai assez dit déjà pour encourir le soupçon de céder au plaisir de perversité que je prends à ces histoires. Je ne les ai rapportées cependant que pour en tirer une conclusion. Toutes plaisantes qu'elles soient, elles renferment, si j'ose dire, une grave leçon. On a coutume de répéter que l'enfance a le génie de l'impertinence, et tout ce qui précède paraîtra de nature à confirmer cette opinion. Rien pourtant n'est moins fondé. La malignité de l'enfant, son mauvais esprit sont bien surfaits. Nous n'entrons pas dans ses idées, dans ses sentiments et, lorsqu'une circonstance imprévue nous révèle à quel point ils diffèrent des nôtres, nous éprouvons un sursaut, un mouvement de dépit, d'impatience, nous croyons qu'il le fait exprès, qu'il nous nargue. Nous lui en voulons de ne pas nous comprendre, et de laisser voir à quel point il ne nous comprend pas ; nous nous attendions à retrouver dans ses paroles l'écho de nos pensées, et nous découvrons en lui des idées à l'antipode des nôtres, qui en sont comme la déformation, la caricature et la charge. Sa seule faute est de différer de nous. Son impertinence n'est au fond qu'une incompréhension. D'ailleurs, au sens étymologique et propre, l'impertinence consiste à prononcer des paroles qui ne conviennent pas, qui ne sont pas en situation. Elle n'implique pas l'idée de malignité. Si cette idée s'y joint dans l'acception commune du terme, c'est par un abus, qui devient choquant, intolérable, lorsqu'on applique le mot impertinence à l'enfant. L'enfant est impertinent certes, mais bien moins d'intention que de fait ; il y a de l'innocence et de la candeur dans ses plus grosses malices, dans sa pire effronterie. C'est lorsqu'on les raconte après coup que ses tours paraissent pendables. Ainsi, dans le cas d'Edmund Gosse, la véritable impertinence, si impertinence il y a, consiste à détailler complaisamment dans l'âge mûr ses fredaines d'enfant, en les interprétant avec sa mentalité d'homme, en leur donnant une précision, un sens et une portée, qu'elles ne pouvaient avoir et qu'elles n'avaient point, au moment où elles furent commises.

Ces remarques tendent donc à laver l'enfant du reproche d'impertinence. En vérité, si l'écueil de l'éducation est l'incommunicabilité entre parents et enfants, si le malheur est de ne pouvoir faire tomber le mur qui intellectuellement les sépare, peut-on parler de faute, au moins chez l'enfant ? Lorsque l'impertinence chez lui apparaît, lorsqu'il se montre inaccessible, imperméable aux idées qu'on veut mettre en lui, et en révolte apparente contre ces idées, lorsqu'il ne comprend pas, n'est-ce pas la preuve qu'on ne l'a pas lui-même compris, qu'on n'a pas tenu compte de sa nature, qu'on a passé à côté de son esprit et de son caractère, sans les voir, qu'on a méconnu son individualité, ce qui est la pire faute qu'on puisse commettre en éducation ou, pour mieux dire, la seule, celle de laquelle découlent toutes les autres !

Telle fut précisément l'erreur fondamentale du père d'Edmund Gosse, la source de tous ses mécomptes. Il ne sut pas ce que c'était qu'un enfant, encore moins ce qu'était son enfant. Épris de son idéal, sûr de sa voie, il n'hésita pas à disposer de son fils, il décida de sa vocation religieuse sans tenir compte de son tempérament, sans attendre la libre manifestation de son choix.

J'ai déjà dit qu'il l'avait consacré au Seigneur, dès le berceau. De là une éducation exceptionnelle, anormale. Edmund Gosse ne fut jamais traité comme un enfant ordinaire. Ses fautes prenaient un caractère sacrilège ; ses maladies étaient considérées comme des épreuves et avant de les soigner, on demandait qu'elles fussent *sanctifiées pour lui*. Il fut tenu en dehors des dangers du monde, de la vie du siècle ; il ne connut que la société de ses parents et celle des « Saints ». Son père s'opposa au développement de sa personalité, réprima ses curiosités intellectuelles, lui interdit par exemple la lecture de Shakespeare, le mit longtemps en garde contre les romanciers et les poètes ; c'est par une inconséquence, sans y penser, qu'il lui laissa un jour entre les mains un roman d'aventure amoureuse. « C'était comme si on eût donné un verre de pure eau-de-vie à qui n'eût jamais connu que la diète lactée. » L'effet fut immédiat : l'enfant prit conscience de son individualité et sentit qu'il étouffait dans la maison paternelle comme dans une prison.

Ce n'était pas encore assez. Le père sentait que son fils pourrait lui échapper un jour. Il voulut s'emparer de son esprit avant la puberté. Il jugea qu'à dix ans le moment de la *conversion* était venu pour lui. Il le fit alors baptiser en public et ne s'aperçut ni du danger qu'il y avait à devancer ainsi, à précipiter la vocation religieuse de son fils, ni des sentiments vrais de son fils à ce moment. Je me sentais, dit celui-ci, porté en triomphe et jouissais d'être un héros : « Je crevais d'orgueil, persuadé que j'étais de ma propre sainteté ».

Ce n'est pas que la foi de l'enfant ne fût sincère et pleine de candeur. Il parlait le langage dévot, avait le désir d'être bon, d'être saint. Mais cependant il ne connut jamais

« le ravissement du mystique, sentant son fantôme d'être, son âme usée jusqu'à la corde, pénétrée, transpercée de part en part, et parée d'une gloire nouvelle par une flamme qui y consume tout ce qui appartient à sa personnalité, à son individualité. En dépit de tout, mon être adhérait à un noyau fort dur d'individualité, enfoui au plus profond de ma nature d'enfant ». Je pouvais bien accorder aux traditions religieuses « une espèce de créance naturelle, comme à une histoire dont l'authenticité est possible ; mais quant à croire fermement qu'il y a en ces choses une vérité divine, et être plus persuadé de cela que de la chose même que nous voyons de nos yeux, c'est là une conviction qui se trouve être l'œuvre particulière de l'Esprit de Dieu et qui est certainement aussi la foi qui sauve ». Cette foi-là, je ne l'avais pas (p. 234).

L'enfant échappait donc à son éducation ; lui-même le sentait et son père ne pouvait manquer de s'en apercevoir, d'en avoir au moins le soupçon. Mais il refusait d'y croire ou d'en tenir compte ; il espérait que la grâce serait la plus forte, qu'avec le temps la vocation de son fils s'affirmerait. « N'es-tu pas, lui disait-il, l'enfant de tant de prières ? » Cette obstination à imposer à l'enfant sa voie, à disposer de lui sans son aveu, ou plutôt à aller contre sa nature, à violenter ses instincts, nous paraît monstrueuse, et d'autre part, nous la sentons inflexible, parce qu'elle s'appuie, dans la conscience du père, sur le sentiment du devoir, tel qu'il le conçoit. C'est donc contre cette conception du devoir que notre esprit au fond se révolte.

Nous n'admettons pas que les plus hautes préoccupations religieuses et morales autorisent un père à faire, lorsqu'il s'agit de son enfant, ce geste souverain de Jupiter qui déchaîne le destin. Edmund Gosse raconte que son père refusa pour lui une situation avantageuse dans une banque, disant que :

« si l'on offrait à son enfant bien aimé d'entreprendre une carrière qui lui permettrait de gagner dix mille livres sterling (250 000 fr.), mais détournerait ses pensées et son intérêt de l'œuvre du Seigneur, il rejetterait pareille offre au nom de son enfant. « Mon père, ajoute-t-il, j'en ai la conviction, croyait exprimer mes intentions intimes. Mais certes il n'en allait pas ainsi. J'éprouvais un désappointement âpre et instinctif à la pensée, je me l'imaginais du moins, que j'avais eu la fortune presque à la portée de la main, et que je l'avais vue jetée tout entière par-dessus bord dans la mer des scrupules paternels » (p. 309).

Dans l'ordre moral, le père commet la même faute, lorsqu'il dicte à son fils ses sentiments et ses pensées. Il ne voit pas poindre et s'éveiller la conscience de son fils, il ne songe pas à la consulter, à compter avec elle, il ne croit pas qu'elle puisse s'insurger contre son enseignement ou seulement le juger ; il la méconnaît, la violente sans le savoir, et par là la détache de lui. Ici encore l'incompréhension ou la mésintelligence est à l'origine du conflit. Edmund Gosse sent d'abord s'éveiller dans son esprit « un doute quant à l'entière et salutaire efficacité de l'étroit système de morale », dans lequel il a été élevé, quand il voit que ce système peut inspirer des actes « déloyaux

et malhonnêtes », comme une captation d'héri-
tage, car il ne croit pas à l'hypocrisie, qui con-
sisterait à invoquer des motifs religieux pour
couvrir des actes malhonnêtes, mais admet plutôt
la déformation de la conscience par le fanatisme
religieux ou la coexistence de la foi dogmatique
et de la grossièreté d'âme.

D'autre part, l'étroitesse de la religion lui apparaît de plus en plus : quand son père lui parle avec
horreur des dieux grecs, il le trouve déclamatoire,
outré, fanatique et injuste, il ne le croit pas ; quand,
à une conférence évangélique, il entend condamner Shakespeare comme immoral et impie, quand
son père lui-même s'offusque de la liberté des
poètes et lui interdit la lecture de Marlowe, il lui
apparaît nettement que la foi est incompatible avec
ce qu'on pourrait appeler l'humanisme intégral.

Enfin le dogme lui-même lui apparaît comme
faisant violence aux plus nobles instincts de l'âme,
comme portant atteinte à la droiture naturelle des
sentiments. Son père, dont la religion n'était pas
une religiosité vague, à tendances philanthro-
piques ou sociales, un simple esprit de charité,
mais l'adhésion ferme à un dogme absolu, croyait
que pas un catholique ne pouvait être sauvé. Lui
« qui était si tendre de cœur qu'il ne pouvait supporter
la vue de la souffrance ou de la détresse d'un homme,

quelque déplaisant, quelque indigne qu'il fût, acquiesçait parfaitement à la croyance que Dieu punissait les êtres humains par millions et à jamais, pour une erreur de compréhension purement intellectuelle » . Il faut voir là « le résultat d'un emploi curieusement irrégulier des dons de son esprit. Regardant comme indiscutable l'absolue véracité des Écritures et appliquant à leur interprétation une intelligence entraînée aux méthodes de la science, il en était venu à étouffer à la fois l'activité de l'imagination, le sens de la justice morale et sa tendresse de cœur qui était profonde et instinctive ».

Un esprit capable de ces réflexions semble avoir accompli son évolution intellectuelle, s'être détaché de la foi. Il n'en est rien pourtant. L'enfant restait attaché de cœur à cette religion dont s'éloignait son esprit. Il s'efforçait de reporter sur elle toutes les effusions de son âme, il mettait à son service tout le lyrisme que sa jeunesse et la lecture des poètes avaient développé en lui. Il écrivit une tragédie sur un sujet biblique d'ordre évangélique, puis « des odes se rapportant à l'avènement prochain du Seigneur ». Jamais sa ferveur religieuse n'avait été plus grande. Il adressa un appel ardent à Dieu, ne doutant pas qu'il ne fût entendu.

« Viens maintenant, Seigneur Jésus, criai-je, viens maintenant et prends-moi pour toujours avec toi, dans ton paradis. Je suis prêt à venir. Mon cœur est délivré du péché, il n'est rien qui me tienne enraciné à ce monde méchant. Oh ! viens maintenant, maintenant, et prends-moi avant que j'aie connu les tentations de la vie... ! » Et je me dressai sur le sofa, et je me penchai sur l'appui de la fenêtre, et j'attendis l'apparition glorieuse.

Ce fut le point culminant de ma vie religieuse, le sommet où me fit atteindre mon effort vers la sainteté. J'attendis un instant, attentif, et alors, bien que je fusse seul, j'éprouvai une légère honte de l'attitude théâtrale que j'avais adoptée. Encore je regardais et encore j'espérais. Puis une petite brise s'éleva et les branches dansèrent. Des bruits montèrent de la route jusqu'à moi... La cloche sonna pour le thé, dernier mot de prose pour détruire ma poésie mystique. « Le Seigneur n'est pas venu, le Seigneur ne viendra jamais », murmurai-je, et dans mon cœur, l'édifice artificiel de mon extravagante foi commença à vaciller et à crouler (p. 344).

Ce fut l'épreuve décisive, la crise finale. Remarquons que le drame fut tout personnel et intime. Rien ne peut empêcher l'évolution naturelle d'un tempérament, l'éclosion spontanée d'une âme. L'éducation rencontre toujours un point de résistance, un obstacle qu'elle ne peut forcer, et qui devient l'écueil où elle se brise : la conscience individuelle. Celle-ci peut s'ignorer longtemps, se plier aux disciplines imposées, se faire violence à elle-même, mais elle ne peut se détruire, et c'est le sort des contraintes les plus prolongées, des éducations les plus oppressives, de provoquer seulement les réactions les plus fortes et de former les individualités les plus marquées.

C'est donc vainement que le père cherche à retenir son fils qui lui échappe, qu'il lui demande compte de ses croyances, qu'il scrute sa conscience, que, de loin par ses lettres, de près par des entretiens incessants, prolongés, il l'interroge, non sur sa conduite et ses mœurs, mais sur sa foi ; il ne fait ainsi que creuser davantage l'abîme qui les sépare, qu'accuser leurs divergences ; à la fin cette inquisition morale devient si intolérable, si odieuse au fils qu'il éclate, demande grâce et se dérobe. Il comprend alors qu'il doit rompre avec une religion, qui lui apparaît comme un mensonge, qui

« institue un idéal vain et chimérique, à la poursuite duquel toutes les affections indulgentes et tendres, tout le jeu vivifiant de la vie, tous les plaisirs exquis et les douces résignations corporelles, tout ce qui apaise l'âme et la déploie sont sacrifiés en échange de ce qui est dur, vide et négatif »; qui « encourage un esprit de condamnation sévère et ignorant », qui « détraque entièrement le salutaire mécanisme de la conscience », qui « invente des vertus stériles et cruelles, comme elle invente des péchés qui n'en sont pas » (p. 366).

Mais Edmund Gosse ne pouvait rompre avec la religion, sans rompre avec son père. Celui-ci le mettait en demeure de choisir entre le quitter sans retour ou revenir à la foi. Que pouvait-il faire ? « Provoqué jusqu'au désespoir, il affranchit une fois pour toutes sa conscience du joug de la *consécration* et, aussi respectueusement qu'il lui fut possible, sans forfanterie ni récrimination, il usa du privilège qu'a tout homme de façonner lui-même sa vie intérieure. »

Ce privilège, ou mieux ce droit, c'est ce que toute éducation doit sauvegarder ou respecter ; elle le doit sous peine d'échouer moralement, d'aller contre son but, qui est de former des volontés autonomes, des caractères et des consciences ; elle le doit, sous peine d'échouer matériellement et en fait, de provoquer elle-même les résistances où elle se brise. L'éducation est sans doute, par définition, une action exercée sur les esprits ; mais il n'y a point d'action sans réaction, et c'est le résultat final de l'éducation qu'il faudrait appeler l'éducation même ; ce résultat peut être la négation de l'éducation reçue, sans cesser pour cela d'être appréciable, sans cesser d'être un bienfait. Quel que soit le jugement qu'on porte sur l'évolution intellectuelle et morale d'Edmund Gosse, cette évolution est normale, par là même qu'elle est la reprise de soi, la victoire de la personnalité se ressaisissant elle-même, et ce qui condamne l'éducation que son père a voulu lui donner, ce qui en explique et en justifie l'échec, c'est qu'elle n'a su ni comprendre ni respecter l'âme individuelle de l'enfant, ni faire droit aux justes exigences de sa nature. En quelque sens que cette éducation se fût exercée, elle eût provoqué le même heurt, suscité la même révolte, et c'est la leçon générale à dégager de cette éducation si spéciale.

DEUXIÈME PARTIE

L'AVENEMENT A LA LIBRE PENSEE

CHAPITRE V

LA DISSOLUTION DE LA FOI

> On ne détruit que ce qu'on remplace.
>
> (Auguste Comte.)

Le passage de la foi au doute et à l'incrédulité devrait être l'événement capital de la vie morale et, en fait, c'est à peine s'il attire l'attention. A force d'être fréquent, paraît-il donc naturel? Ou bien, parce qu'il reste le secret des consciences, désespère-t-on d'en saisir le sens et la portée?

On précisera et on limitera la question en distinguant deux formes de la libre pensée : l'une, qui émane de la réflexion individuelle, qui est un résultat de la critique ; l'autre, qui représente un courant aveugle des esprits, et la substitution d'une tradition à une autre. Il faut tenir pour philosophiquement négligeable l'évolution religieuse qui s'accomplit sous la forme élémentaire et simple que décrit Guyau. Chez un peuple, la religion tombe toute seule à un certain moment, quand ont disparu les évidences prétendues sur lesquelles elle s'appuyait ; elle s'en va par voie d'extinction ; elle ne meurt pas à proprement parler, elle cesse : « Dans les masses, l'intelligence n'a jamais une grande avance sur la coutume ; on n'adopte une idée nouvelle que quand on s'y est déjà habitué par degrés... Chaque génération ajoute un doute de plus à ceux qui naissaient déjà dans l'esprit des parents, et ainsi la foi s'en va par degrés comme les rives d'un fleuve rongées par le courant ». Ainsi entendue, la dissolution des croyances religieuses n'échappe pas seulement à l'examen, elle manque encore d'intérêt dramatique et psychologique. Elle se produit comme en dehors de l'âme, elle est à peine sentie : « La chose a lieu sans déchirement, ou le déchirement n'est que transitoire ; c'est une crise qui passe, une blessure qui se referme vite et sans laisser de traces [1] ». Mais au reste les sentiments de la foule ne sont que le reflet des croyances ou des doutes de l'élite. Le problème n'existe donc vraiment que pour les âmes qui ont conscience

---

1. Guyau, l'*Irréligion de l'avenir*, p. 191-2, 7ᵉ édit. Paris, F. Alcan, 1900.

de ce problème, qui le résolvent pour elles-mêmes, à leur manière, et selon leurs forces, et c'est seulement chez de telles âmes qu'il convient d'étudier, quand il se produit, le détachement de la foi traditionnelle, si l'on veut donner à ce détachement sa signification vraie et toute sa portée, et si l'on veut en saisir l'intérêt psychologique.

I

La première question qui se pose au sujet de la dissolution des croyances théologiques est celle de savoir comment elle a encore à s'accomplir. Même la vraie difficulté n'est peut-être pas d'expliquer comment aujourd'hui la foi meurt, mais comment elle s'établit dans les âmes et arrive à s'y maintenir : dans notre milieu intellectuel et social, il semble plus naturel de perdre la foi que de l'acquérir et, en fait, ce qui paraît le plus invraisemblable à l'homme qui a cessé d'être croyant, ce n'est pas de ne plus croire, c'est d'avoir cru.

Il faut déterminer d'abord la part de l'éducation dans l'établissement des croyances. A proprement parler, ce n'est pas l'éducation qui fait les croyants, puisque ce n'est pas être croyant que de l'être par habitude ; au reste, si elle en pouvait faire, elle pourrait donc aussi faire des incrédules. et comme, sous notre régime d'éducation anarchique, la plupart des hommes subissent, en même temps ou tour à tour, la double influence cléricale et laïque, il faudrait expliquer comment, par quels motifs, et dans quelle mesure, ils acceptent l'une et rejettent l'autre, ou passent de l'une à l'autre. Pour rendre le raisonnement à la fois plus précis et plus concluant, on pourrait supposer une âme ayant reçu, si j'ose dire, à doses égales, et au même degré de plénitude et de perfection relatives, l'enseignement confessionnel et l'enseignement laïque : tel est le cas qu'imagine Mrs Humphry Ward dans un roman philosophique, auquel nous ferons plus d'un emprunt [1]. Le héros de ce roman, Robert Elsmere, entre dans la vie religieuse après avoir été élevé dans le milieu libre d'Oxford et s'y être imprégné de la culture moderne sous sa forme la plus raffinée et la plus forte, ayant eu pour maîtres un Hégélien et un sceptique.

Généralisons ce cas. Comment une éducation, donnée par de libres esprits, forme-t-elle des croyants? Plus exactement, d'où vient que l'éducation laïque ne porte pas ses fruits? Ne serait-ce pas qu'elle a sur l'éducation cléricale une infériorité réelle, qu'elle est effacée et neutre, qu'elle

1. Mrs Humphry Ward, *Robert Elsmere*. London, 1890.

craint d'exercer son influence, d'enfoncer sa marque ? Par respect pour les intelligences, elle se montre réservée, discrète ; elle n'use pas de tous ses moyens d'action ; elle n'abonde pas en son sens ; de là vient que, pour la plupart de ceux qui la reçoivent, elle n'a pas toujours tout son sens.

Par principes l'enseignement laïque est libéral : il ne se reconnaît pas le droit de troubler les croyances. Le libre penseur est désarmé devant la foi comme il le serait devant la candeur d'un enfant. Moralement elle lui impose, alors qu'il l'accable intellectuellement de scn dédain. Tout en la repoussant en elle-même, il sympathise avec l'état d'âme de celui qui l'accepte. Au reste la foi ne lui porte pas ombrage ; il ne se défend que contre l'intolérance du croyant. Non seulement il respecte la croyance religieuse qu'il trouve établie dans les âmes, mais encore il ne l'empêche point de s'y établir. Il abandonne le terrain à l'enseignement dogmatique ; il développe ses théories sans les opposer à la tradition théologique[1].

---

1. Au moment où j'écrivais cet article, c'est ainsi que je concevais l'enseignement laïque et c'est ainsi que je conçois encore qu'il doit être; mais je ne suis plus aussi sûr qu'il ait toujours ni même ordinairement ce caractère. Pour plus de détails sur le problème de la *neutralité laïque*, je me permets de renvoyer le lecteur à mon article sur l'*Enseignement, et en particulier l'enseignement moral en France, comme service d'État* (*Année pédagogique*, 1912. Paris, F. Alcan).

Non seulement l'éducation laïque ne fait pas contre-poids à l'enseignement des églises, mais encore elle prépare indirectement la voie à cet enseignement, et en favorise le succès. En effet, cette éducation est ou purement scientifique ou philosophique. Si elle est scientifique, elle est nécessairement incomplète, car la science est toujours limitée, et elle l'est d'autant plus qu'elle est plus rigoureuse ; sa sévérité est faite pour rebuter les jeunes gens, enthousiastes et ardents, qui ne règlent point leur ambition intellectuelle sur leur pouvoir de connaître ; en outre, la science donne satisfaction aux seuls besoins logiques ; elle ne remplit point l'âme ; moralement, elle paraît desséchante, laborieusement vide. Aussi voit-on, dit Mrs Humphry Ward, « des crises de réaction périodiques contre un rationalisme exagéré apparaître dans tout grand centre d'activité intellectuelle avec assez de régularité ». Un beau jour, on découvre « qu'après tout Mill et H. Spencer n'ont pas dit le dernier mot sur toutes les choses du ciel et de la terre », et alors « une fraîche brise de romantisme » s'élève ; « la religion se rend une fois de plus populaire parmi les âmes les plus communes, tandis qu'elle devient une réalité profonde chez une grande partie des plus nobles ». Ainsi l'éducation scientifique, d'abord n'est point hostile à la foi, et ensuite, par ses lacunes mêmes, provoque ce « retour religieux », qualifié à tort de « banqueroute de la science », qui est en réalité extra-scientifique, et atteste seulement « l'éternel besoin de la religion qui est au fond de la nature humaine » (Renan).

L'éducation laïque cesse-t-elle d'être strictement scientifique, s'efforce-t-elle de répondre au besoin religieux, devient-elle philosophique ? Elle paraîtra alors plus favorable encore à la restauration de la foi traditionnelle. Grâce en effet à l'équivoque inévitable du mot religion, et à la commune ignorance ou inintelligence des dogmes théologiques et des doctrines métaphysiques, toute philosophie qui proclame la réalité supérieure de l'idéal, objet éternel des aspirations, sinon des croyances religieuses de l'humanité, est plus ou moins interprétée comme une justification des cultes établis, comme une apologétique détournée.

On voit alors se produire ce que Mrs Humphry Ward raconte de l'influence exercée par le professeur Grey sur ses auditeurs à Oxford. « Elsmere assistait à toutes les lectures philosophiques de Grey, les suivant avec enthousiasme et en faisant usage, ainsi qu'il arrive souvent, pour la défense et la confirmation de vues tout à fait différentes de celles de son maître. La base fondamentale de la pensée de Grey était ardemment idéaliste et hégélienne. Il avait rompu avec le christianisme populaire, mais, pour lui, Dieu, la conscience, le devoir étaient les seules réalités ;... toutes les manifestations de la vie spirituelle de l'homme étaient sûres de sa sympathie. Mais ce qu'il semait, d'autres le récoltaient : ou, pour citer le mot d'un rationaliste bien connu à son sujet, les tories emportaient toujours son miel à leur ruche. Ainsi Elsmere prit tout ce que Grey avait à donner ; il aspira toute la ferveur idéale, tout l'enthousiasme spirituel du grand *tutor* ; puis il mit sa passion religieuse ainsi stimulée au service de la grande tradition positive qui l'entourait. »

En éducation de tels contresens sont la règle. Rien de plus commun, et d'ailleurs de plus naturel, que la confiscation au profit du dogme traditionnel d'un mouvement philosophique qui s'accomplit dans le sens religieux, mais en dehors et souvent à l'encontre de ce dogme. Quand la philosophie parle de rétablir la religion dans les conceptions humaines, le commun des esprits entend qu'il s'agit de la restauration des dogmes anciens, tandis que, de leur côté, les esprits philosophiques se refusent à voir dans la remise en honneur d'une religion donnée autre chose que le réveil de l'esprit religieux en général. C'est une illusion de croire, suivant Renan, que les dogmes renaissent, que l'humanité puisse revenir à une tradition qu'elle a reniée, et retrouver la foi qu'elle a perdue. Mais le besoin de croire se satisfait comme il peut. On ne crée pas sa religion ; on ne la choisit même pas ; on prend celle qui s'offre ou qui se trouve à portée. Une âme simplement religieuse n'est ni catholique ni même chrétienne au sens propre, mais elle peut se croire aisément l'un et l'autre. « Le catholicisme, pour l'immense majorité de ceux qui le professent, n'est plus le catholicisme ; c'est *la religion*. Le catholicisme est là, satisfaisant au besoin de croire ; passe pour le catholicisme ; on n'y regarde pas de plus près, on n'entre pas dans le détail des dogmes[1]. »

Ainsi ou bien le retour des esprits *à la religion*, qu'on présente comme une révolution philosophique, devient en fait le retour à *une religion donnée* ; ou bien le retour à *tel dogme établi*, dont les théologiens triomphent, marque seulement le retour des esprits *à la religion*. On n'est pas fixé sur la signification des mouvements religieux ; il semble que ces mouvements donnent tort et raison tour à tour aux théologiens et aux philosophes ; en réalité, ils ne donnent jamais absolument tort ou raison ni aux uns ni aux autres. Il

---

1. Renan, *Avenir de la science*, p. 483.

faudrait, pour s'entendre, dissiper l'équivoque du mot religion, et on dirait que cette équivoque, non seulement on ne la remarque pas, mais encore on ne veut pas la remarquer, et on s'applique à la maintenir. Il semble admis qu'en matière de religion, il faut « avoir sa pensée de derrière et parler comme le peuple »; c'est là une convention utile, qui importe à la paix sociale. Met-on cependant au-dessus de tout la loyauté et la franchise de parole? On constate alors avec un découragement profond l'inutilité des efforts que font, pour s'accorder seulement sur les termes du plus obscur des problèmes, des esprits sincères, mais inégalement préparés et qui ne parlent pas la même langue.

II

Cependant on a cru que le mot religion comportait une définition assez large pour que la foi des humbles et la philosophie des sages pussent y trouver place. On a établi cette définition en partant de la distinction de la religion rationnelle ou idéale et des religions historiques ou réelles. De même que la science s'est dégagée de l'expérience, primitivement mêlée de préjugés et d'erreurs, la religion rationnelle serait sortie des religions populaires, toutes superstitieuses et grossières, et serait ces religions épurées. La religion est un fait humain et, comme telle, est vouée au changement et au progrès ; elle renferme un élément éternel, à savoir sa forme ou son esprit, et un élément périssable, sa matière ou son contenu ; par suite, entre la religion du philosophe et celle du vulgaire, resté fidèle aux anciennes croyances, il n'y aurait que la différence, d'ailleurs énorme, qui sépare le point de départ et le terme d'une même évolution. De ce point de vue, « toutes les religions sont vraies et toutes sont fausses. En elles toutes, plus ou moins visiblement, l'homme atteint la seule chose dont il ait besoin : l'abandon de soi dans les mains de Dieu. L'esprit en elles toutes est le même : seules, la lettre, la forme, l'imagerie sont relatives et changeantes » (Mrs Humphry Ward).

L'essentiel de la religion n'étant point l'objet auquel le sentiment religieux s'attache, mais ce sentiment lui-même, tous les hommes pourront être religieux, chacun à sa manière ; tous seront dits adorer Dieu, par cela seul qu'ils élèveront vers l'idéal leur esprit et leur cœur. « Qu'est-ce en effet que Dieu pour l'humanité, dit Renan, si ce n'est le résumé transcendant de ses besoins suprasensibles, *la catégorie de l'idéal*, c'est-à-dire la forme sous laquelle nous concevons l'idéal, comme l'espace et le temps sont les catégories, c'est-à-dire les formes sous lesquelles nous concevons les corps ». Les philosophes n'ont pas le droit de dédaigner la religion du peuple, si mêlée qu'elle soit de superstitions grossières ; ils ont mieux à faire, ils ont à interpréter le « langage des simples, qui adorent si bien à leur manière. Dites aux simples de vivre d'aspiration à la vérité et à la beauté, ces mots n'auront pour eux aucun sens. Dites-leur d'aimer Dieu, de ne pas offenser Dieu, ils vous comprendront à merveille. Dieu, providence, âme, autant de bons vieux mots, un peu lourds, mais expressifs et respectables, que la science expliquera, mais ne remplacera jamais avec avantage »[1].

Si le philosophe peut admettre, en l'interprétant, la religion du peuple, le peuple, de son côté, ne doit pas s'effaroucher des libertés de la critique et des négations raisonnées de la science. « Dieu, en effet, est dans la critique, dans la science, dans le doute.., Il est dans toute vie, dans toute pensée. La pensée de l'homme, comme elle s'est exprimée dans les institutions, dans les philosophies, dans la science, dans le patient travail critique ou dans la charité, est la constante révélation de Dieu...

1. *Avenir de la science*, p. 476.

L'amour et l'imagination ont édifié la religion. La raison la détruira-t-elle ? Non, la raison vient de Dieu, comme le reste... Toutes choses changent : les *credo*, les philosophies et les systèmes extérieurs, mais Dieu reste ! » (*Robert Elsmere*).

Ainsi toutes les religions se confondent en une, laquelle consiste à adorer, sous le nom de Dieu, soit l'ordre des choses, la raison qui éclate dans tout ce qui est, soit particulièrement la raison humaine, qui produit ces œuvres marquées du sceau divin : la science, l'art, la moralité. Certes le penseur qui n'accorde qu'une valeur relative à toutes les religions, alors que chacune d'elles a prétendu être en possession de la vérité absolue, interprète librement les mots de la langue commune et en force le sens. Il ne se trompe pas cependant, au moins nécessairement, par cela seul qu'il substitue ses idées à celles du vulgaire, et qu'il assigne au sentiment religieux une fin que ce sentiment aurait longtemps poursuivie et poursuivrait encore sans la connaître et sans l'atteindre. On a le droit en effet de philosopher sur les faits.

Ainsi, par exemple, on peut très bien soutenir que l'esprit religieux est éternellement le même, encore qu'il nous semble y avoir un abîme entre la religion naturelle d'aujourd'hui et les religions révélées de jadis, l'une rejetant le miracle sur lequel les autres se fondent. C'est qu'à proprement parler le miracle n'existe que pour nous ; la dérogation aux lois naturelles n'est conçue comme telle que par des esprits ayant la notion d'un monde régi par des lois. Le miracle n'était point un sacrifice imposé à la raison des premiers croyants, il était une conception de leur raison même. La religion a toujours été rationnelle d'intention, sinon de fait. Ce qui nous paraît aujourd'hui inadmissible, à savoir que les questions de la foi soient tenues en dehors de la raison, n'a jamais non plus été admis en fait par les âmes vraiment religieuses. Un croyant, qui craint la libre discussion sur l'objet de son culte, est forcé de s'avouer que cette crainte « est au fond une simple trahison de la foi », car « la conviction est la conscience de l'esprit, et avec la conscience intellectuelle » il n'est pas plus permis de « jouer qu'avec la conscience morale » (Mrs Humphry Ward).

Il est paradoxal, et pourtant exact, de dire que chez les incrédules d'aujourd'hui revit l'esprit des croyants d'autrefois. En effet, on a rejeté les dogmes anciens pour les mêmes motifs qui les avaient fait admettre : on les avait admis comme s'accordant avec la raison, on les a rejetés comme incompatibles avec elle. La religion a changé d'objet sans changer de nature. Les affinités intellectuelles et morales persistent à travers l'opposition des doctrines et, comme dit Nietzsche, l'incroyance peut être un dérivé de la foi. « On voit que ce qui, en réalité, a vaincu le Dieu chrétien, c'est la morale chrétienne elle-même, la notion de sincérité, appliquée avec une rigueur toujours croissante ; c'est la conscience chrétienne, aiguisée dans les confessionnaux et qui s'est transformée, sublimée jusqu'à devenir la conscience scientifique, la *propreté* intellectuelle, voulue à tout prix[1] ». De même, dirons-nous encore, nous concevons toujours la religion comme la communication de l'âme avec Dieu, mais nous ne croyons plus que cette communication ait lieu d'une façon matérielle et sensible, par la voie du miracle ; nous disons que Dieu se revèle à nous d'une façon naturelle, dans l'adoration en esprit et en vérité, « dans le culte pur des facultés humaines et des objets divins qu'elles atteignent…, dans la pure contemplation du beau et la recherche passionnée du vrai » (Renan).

Ainsi toutes les religions tendent à l'idéal ; elles ne diffèrent que par la manière de le concevoir. Le Christ disait : Il y a plusieurs demeures dans

1. in Lichtenberger, *La philosophie de Nietzsche*, p. 21. Paris, F. Alcan.

la maison de mon père. Les esprits, arrivés au dernier terme de l'évolution religieuse, au lieu de mépriser les antiques croyances, se tournent de même avec sympathie vers ceux qu'ils laissent en arrière sur le chemin parcouru.

Mais il faut remarquer que réduire les religions à leurs traits essentiels, les faire rentrer toutes dans une définition générique, faire abstraction de leurs dogmes et ne retenir que leur esprit, et encore interpréter librement cet esprit, le dégager des superstitions qui l'altèrent, c'est faire la philosophie des religions et oublier leur histoire, c'est substituer une vue de l'esprit à la réalité des faits. La religion, vidée de son contenu, n'est plus la religion ; c'en est « l'analogue », si l'on veut, ce n'est plus « la chose même ». On nous donne comme « l'équivalent » de la religion « le culte pur des simples et bonnes choses ». On convient d'appeler religieux « les hommes prenant la vie au sérieux et croyant à la sainteté des choses », et irréligieux « les hommes frivoles, sans foi..., sans morale » (Renan).

Rien de plus acceptable assurément qu'une telle définition de la religion ; mais, par malheur aussi, rien de plus nominal et arbitraire. On ne peut s'en tenir à la doctrine du *formalisme* religieux, à cet idéalisme complaisant et vague, qui a fleuri sous le nom de libéralisme protestant ou catholique. La religion n'est pas une tendance, mais un fait ; elle se matérialise dans les dogmes, les institutions et les mœurs ; négligera-t-on ces faits ? Les tiendra-t-on pour indifférents ? Non. Il faut étudier ces religions positives, qu'on nous présente tour à tour comme la déformation et l'image de la religion éternelle ; il faut être pour elles ou contre elles.

III

On s'aperçoit qu'en fait les religions les plus libérales sont loin de répondre au concept philosophique de la religion qui vient d'être posé. Elles sont une tentative vaine pour concilier la raison et la foi.

La religion est par définition un fait social, une *communion d'âmes*. La plus grave des peines édictées par les codes religieux est l'*excommunication*, et les âmes les plus religieuses sont en effet celles qui ne peuvent souffrir l'isolement intérieur, et « aiment mieux, comme dit Renan, se rattacher à des fables que de faire bande à part dans l'humanité ». C'est donc en vain que le protestantisme fait appel à la raison individuelle, et l'établit comme juge de la vérité religieuse et morale.

Cette raison se dérobe et se récuse elle-même ; l'autorité qu'on lui confère demeure nominale ; elle répugne à l'exercer, et si on l'y oblige, si on lui en fait un devoir, elle en use encore timidement et à regret. La raison, en effet, réputée téméraire et orgueilleuse, est réellement humble en face de la tradition. L'individu sent intellectuellement sa faiblesse ; dans les questions religieuses surtout, si complexes et si graves, il est porté à se défier de son jugement, quand ce jugement va à l'encontre des croyances communes. Ainsi celui qui a été élevé dans la foi chrétienne pourra juger le christianisme étroit ; mais il ne se laissera pas aller à cette impression ; il sera « retenu par une certaine modestie », par « l'exemple de tant de grands hommes qui ont vu si profond dans la nature humaine et pourtant sont restés chrétiens » (Renan).

Le croyant, en tant que tel, a un parti pris de fidélité au dogme traditionnel et ce parti pris se traduit par un scepticisme implicite, par un usage restrictif de la raison, ou même par une perversion du jugement et un esprit sophistique.

Ainsi le protestant ou le catholique libéral, qui déclare vouloir user de sa raison, se contente de faire à la raison sa part. Il ne la prend pas pour règle, mais pour instrument ; il s'en sert pour légitimer, non pour critiquer ses croyances. Si la foi théologique contredit la raison, le croyant, même éclairé, l'ignore, parce qu'il ne confronte point la religion avec la science, parce qu'il la met à part, la juge d'un « autre ordre » (Pascal). « Une cloison étanche » empêche « les idées modernes de se faire jour dans le sanctuaire réservé de son cœur » (Renan). Si, comme philosophe et comme savant, il a des principes hétérodoxes, il n'en tire point les conséquences. Ne peut-il cependant éviter de remarquer l'opposition de la raison et de la foi ? Il dira que cette opposition, si forte et irréductible qu'elle soit, est apparente et provisoire. Il a vite fait de rejeter les objections gênantes ; il en remet à plus tard la solution, ce qui revient à en contester dès maintenant la valeur. Il pose à titre de postulat, c'est-à-dire de vœu, de *pium desideratum*, l'accord final du dogme et de la science ; cet accord, il ne se croit pas tenu présentement de l'établir. Qu'est-ce à dire, sinon qu'il ne se soumet point à la raison sans appel, qu'il en discute l'autorité et la compétence, qu'il en restreint la juridiction et l'emploi, qu'il l'enferme, en un mot, dans les limites où le dogme en autorise l'usage, et ne lui permet pas de mettre le dogme lui-même en doute ?

Faisons la preuve de ces accusations. Laissons de côté les dogmes comme ceux de la Trinité, de l'Incarnation, dont Renan a dit que, « se passant dans l'éther métaphysique, ils ne choquaient en lui aucune opinion contraire ». Ces dogmes, en effet, n'ont rien dont la raison s'offense ; étant au-dessus d'elle, échappant à son contrôle, ils la laissent indifférente.

Mais il en est d'autres qui vont contre les certitudes scientifiques les mieux établies. Or c'est un fait que le croyant ne veut pas voir l'irrationalité de ces dogmes, ou fait grâce à leur irrationalité sentie. Il en discute le sens, il en atténue la portée, il en conteste les conséquences les plus rigoureusement déduites. La subtilité de l'esprit est grande, quand il s'agit de sauver les croyances menacées. « On a, dit Guyau, concilié tant bien que mal avec la Bible les découvertes de Copernic et même celles de nos géologues modernes. Qui sait si un jour quelqu'un ne sera pas assez habile pour y retrouver les hypothèses de Darwin ou de Lamarck ? Il y a un certain symbolisme qui peut entreprendre de concilier avec la vérité les absurdités les plus manifestes. Quand il s'agit de religion, il n'est pas de souplesse, d'habileté ou d'inconséquence dont l'esprit humain ne soit capable. » « Dans ces naufrages d'une foi dont on avait fait le centre de sa vie. on s'accroche, dit aussi Renan, aux moyens de sauvetage les plus invraisemblables plutôt que de laisser tout ce qu'on aime périr corps et biens. »

La prétendue hardiesse et largeur d'esprit de certains croyants est faite d'inconséquence ou de naïveté, de subtilité ou de mauvaise foi.

Mais plaçons la question religieuse sur son véritable terrain. Après tout, ce n'est pas avec la science que les religions doivent s'accorder, ce n'est pas la raison spéculative qu'elles sont tenues de satisfaire ; c'est à un besoin moral qu'elles prétendent surtout, sinon exclusivement, répondre. Que la conscience décide donc seule de la vérité des religions. « Si la sainteté de l'Évangile parle à mon cœur », j'aurai le droit, selon Rousseau, de me dire chrétien.

Peut-être raisonner ainsi est-ce déjà tomber dans un cercle, puisque le christianisme, comme système d'éducation, impose à la conscience ses formes. Mais admettons que le sens moral n'est point issu des principes religieux. En tous cas, il paraît oblitéré, faussé, ou au moins éteint, quand ces principes sont en cause. On ne voit pas que le fidèle se laisse troubler par les faits qui discréditent moralement son église. « Rien de ce que pouvait avoir de critiquable la politique et l'esprit de l'Église ne me faisait, dit Renan, la moindre impression... Je n'aime ni Philippe II ni Pie V ; mais, si je n'avais pas de raisons matérielles de ne pas croire au catholicisme, ni les atrocités de Philippe II ni les bûchers de Pie V ne m'arrêteraient beaucoup. » Si, dans l'âme du croyant, la conscience est ainsi subordonnée à la foi, il devient difficile de soutenir qu'elle puisse être le principe de la foi.

En fait, l'adhésion au christianisme pour des raisons morales ne serait fondée que si le christianisme s'était montré seul capable de produire les vertus humaines, si la sagesse de Socrate et d'Epictète, par exemple, avait attendu sa venue, et si lui-même non seulement avait toujours empêché les vices et les crimes des hommes, mais encore ne leur avait pas servi parfois de prétexte et d'excuse.

Bien plus, l'incomparable moralité du christianisme fût-elle attestée, qu'elle n'attesterait pas elle-même la divinité du christianisme. Celui qui tient l'Évangile pour sublime n'est pas autorisé par cela seul à lui attribuer une origine surnaturelle et à l'appeler divin autrement que par métaphore, et comme on dit par exemple : le divin Platon. Les Évangiles, dit Tolstoï, renfermant « la seule doctrine qui donne un sens à la vie », ils ne sont donc pas de « simples monuments historiques », ils sont divinement inspirés[1]. Mais, outre qu'il y aura toujours, pour protester contre le sens que l'Évangile a donné à la vie, des âmes éprises de l'idéal naturaliste et païen, les âmes même les plus touchées de la beauté et de la vérité morale de l'Évangile n'embrasseront pas nécessairement la foi théologique, qui consiste à induire la divinité de la sainteté. La thèse psychologique, d'après laquelle la moralité parfaite ne peut être réalisée ni même conçue par les simples facultés humaines, est gratuite et sera toujours contestée. La foi, en tant qu'elle repose sur cette thèse, n'est donc pas logiquement prouvée.

Les religions libérales, comme le protestantisme, qui s'attache à établir que la foi s'accorde avec la raison et la conscience, et même en dérive,

---

1. Un autre écrivain russe, le comte Pérosky Petrovo-Solovovo (le *Sentiment religieux, base logique de la morale*, in-8. Paris, 1913), soutient la thèse précisément inverse. Selon lui, la morale n'est aucunement solidaire de la religion ; elle n'a point la religion pour principe, pour soutien, pour couronnement ni pour fin. L'histoire montre que toutes les religions ont en vue la foi théologique plus que l'action morale, que même les plus élevées ont contredit la morale, ont élevé au-dessus d'elle le dogme, le culte, les pratiques. D'autre part, le raisonnement suffirait à prouver que la métaphysique religieuse ne peut avoir, et en fait n'a point, une vertu morale ; le déisme n'est pas le moralisme ; la vie d'outre-tombe représente une justice tardive et insuffisante, une réparation incomplète.

sont donc philosophiquement très faibles ; elles portent en un sens plus gravement atteinte à l'autorité de la raison que le catholicisme orthodoxe, qui franchement récuse cette autorité. Le catholicisme est favorable en somme à l'affranchissement des esprits ; présentant le dogme théologique dans toute sa rigueur, il invite à le juger. Le protestantisme, au contraire, produit des esprits libéraux, non des esprits vraiment libres. Sa doctrine théologique est un compromis entre la tradition judéo-chrétienne et les idées modernes ; elle est insaisissable et fuyante ; elle se laisse interpréter en tous sens, elle se prête aux conjectures de la pensée la plus hardie, sans rompre pour cela avec les plus anciens préjugés.

Il faut se défier de ces religions positives qui font à la raison les avances les plus empressées ou les concessions les plus larges. Elles inspirent à bon droit, suivant le mot d'Auguste Comte, la « répugnance philosophique » la plus forte, parce qu'elles tendent à fausser et à corrompre les esprits. Les concessions faites par le christianisme aux idées modernes, dit Renan, « ne sont bonnes ni pour la religion ni pour l'esprit humain. On croit avoir fait des chrétiens, on a fait des esprits faux, des politiques manqués. Malheur au vague, mieux vaut le faux ! « La vérité, comme dit très bien

Bacon, sort plutôt de l'erreur que de la confusion. »
Le dernier refuge de la foi qui meurt est l'ignorance
du dogme. « Beaucoup d'intelligences aiment le
vague et s'en contentent ; elles croient en gros et
arrangent le détail à leur guise ; quelquefois
même, après avoir pris tout en bloc, elles élimi-
nent chaque chose en détail. » C'est ainsi que
« les religions littérales peuvent de nos jours
durer et se perpétuer par une série de compromis » (Guyau). Or, « une des pires malhonnê-
tetés intellectuelles est de jouer avec les mots, de
représenter le christianisme comme n'imposant
aucun sacrifice à la raison et, à l'aide de cet arti-
fice, d'y attirer les gens qui ne savent pas ce à
quoi ils s'engagent » (Renan). Les religions à
tendances libérales, protestantes ou catholiques,
qui sont inoffensives en elles-mêmes, par leur
contenu doctrinal, si singulièrement allégé, ne
laissent pas d'être funestes d'une autre manière,
par leur action éducative, par le tour qu'elles
communiquent aux esprits.

C'est ce qu'Auguste Comte avait en vue lorsqu'il disait que la France doit se féliciter d'avoir
échappé au protestantisme. Elle a ainsi gardé sa
droiture intellectuelle, son amour des idées claires
et son esprit logique. Elle ignore ce savant amal-
game de théologie naïve et de philosophie trans-

cendante qu'ont produit les universités allemandes.
Elle ne donne pas dans ce symbolisme que
Fouillée a heureusement défini (*l'Idée moderne
du Droit*), mais dans lequel il aurait dû voir,
selon nous, non un trait de la race germanique,
mais une forme de l'éducation protestante. Les
catholiques du moins ne sont pas chrétiens par
métaphore. Ils ne réduisent pas l'Évangile à n'être
qu' « un traité de morale symbolique », le Christ
qui meurt pour sauver le monde étant le symbole
du sacrifice de soi-même, etc. Ils prennent l'Évangile à la lettre, et ne l'interprètent pas dans l'esprit de Berquin. Ils n'y découvrent pas non plus
des abîmes de profondeur, des dessous métaphysiques. Ils pensent avec Guyau que, si les dogmes
du péché originel, de la rédemption, de la prédestination « ne sont que des mythes philosophiques,
le titre de chrétien devient un titre purement ver-
bal et qu'on pourrait aussi bien se dire païen,
car tous les dogmes de Jupiter, de Saturne, etc.,
sont susceptibles aussi de devenir des symboles
de haute métaphysique. Lisez Jamblique ou Schel-
ling[1]. »

En résumé, les religions considérées, non plus
dans leur forme abstraite et leur tendance générale, mais dans leur contenu réel, dans le maté-

1. *Irréligion de l'avenir*, p. 119.

riel de leurs dogmes, paraissent étrangères à la raison, sinon incompatibles avec elle. C'est ce que prouve l'exemple des religions libérales elles-mêmes, ces fausses alliées de la philosophie, qui cherchent à donner à la foi la garantie de la raison, et qui élargissent le dogme jusqu'à le compromettre et le ruiner, sans lui ôter pour cela le caractère arbitraire et gratuit qu'il aura toujours aux yeux de la pure raison.

IV

Mais le problème posé : Comment la foi se dissoudra-t-elle ? n'est point encore résolu, et paraît même insoluble. On a vu que la foi ne peut être établie ni justifiée par le raisonnement. Mais aussi est-elle plus forte que tous les raisonnements, car elle échappe à la critique. Si rien ne la fonde, rien non plus ne peut l'ébranler. A la considérer en elle-même, comme état d'esprit, ou comme doctrine, elle semble intangible. Mais le sera-t-elle encore, si on en scrute l'origine, si on l'analyse par la double méthode de la psychologie et de l'histoire ? C'est ce qu'il faut examiner.

La foi invoque le témoignage de Dieu ; elle doit donc fournir la preuve historique de ce témoignage. Ce n'est pas le contenu, c'est l'origine des croyances qu'il faut discuter d'abord. Ce n'est pas le raisonnement philosophique, c'est la critique historique qu'il convient d'appliquer à l'étude des religions.

La philosophie et la théologie peuvent être à la rigueur étrangères l'une à l'autre. La raison humaine reprend à son compte et résout à sa manière les questions philosophiques que la révélation a tranchées ; elle suit sa voie et veut ignorer celle que la théologie a tracée. La théologie, de son côté, pose un dogme révélé qu'elle élève au-dessus de la raison, qu'elle ne prouve donc pas et n'a pas à prouver, dont elle fait seulement ressortir la beauté morale, la suite et l'ordonnance logique.

Mais il est une science, l'histoire, qui doit entrer directement en conflit avec la religion positive, parce qu'elle traite la religion comme un fait, non comme une doctrine. Le christianisme, ou toute autre religion révélée, donnant précisément comme preuve de sa valeur philosophique et morale son origine divine, il se trouve que discuter son origine, c'est directement poser le problème de sa valeur dogmatique, et le poser en termes précis qui en rendent la solution scientifiquement rigoureuse. Si on établit, en effet, à l'aide de témoignages interprétés par une critique judicieuse et impartiale, que le christianisme se réduit aux proportions d'un fait, considérable sans doute, mais psychologiquement explicable, de l'histoire de l'humanité, on dénonce par là même comme faux le principe de la révélation divine que les autres sciences se contentent de rejeter comme gratuit ; on fait crouler la base sur laquelle s'édifient les religions positives. C'est à l'histoire, et à l'histoire seule, comme l'ont remarqué les critiques les plus autorisés, qu'il appartient de prononcer la condamnation sans appel des croyances théologiques.

« Le christianisme, dit Renan, se présente comme un fait historique surnaturel... C'est par les sciences historiques qu'on peut établir (et, selon moi, d'une façon péremptoire) que ce fait n'a pas été surnaturel, et que même il n'y a jamais eu de fait surnaturel. Ce n'est pas par un raisonnement *a priori* que nous repoussons le miracle, c'est par un raisonnement critique ou historique »[1].

« Les sciences historiques, dit aussi Guyau, attaquent les religions, non pas seulement dans leur objet, mais en elles-mêmes, dans leur formation matérielle, montrant toutes les sinuosités et les incertitudes de la pensée qui les a construites, les contradictions primitives, bien ou mal interprétées par la suite, les dogmes

---

1. *Souvenirs d'enfance*, p. 238.

les plus précis, formés par la juxtaposition d'idées vagues et hétérogènes. L'explication des religions positives apparaît comme tout le contraire de leur justification : faire leur histoire, c'est faire leur critique » [1].

L'histoire a donc une portée philosophique. Mais l'intérêt philosophique de l'histoire n'est pas où l'on a coutume de le chercher. Cette science est d'autant plus rigoureuse qu'elle se tient systématiquement à l'écart de ce qu'on a coutume d'appeler la philosophie de l'histoire, qu'elle s'interdit d'expliquer les événements humains par une théorie fataliste ou providentielle, et de les faire rentrer tous dans une même loi d'évolution ou de progrès posée *a priori*. L'histoire est philosophique sans sortir de son domaine et en restant fidèle à sa méthode propre. L'historien qui vit directement au contact des faits et saisit la physionomie originale des époques diverses, se pose naturellement et résout à sa manière le problème métaphysique de la connaissance. Le relativisme est le résumé de son expérience et devient la forme de son esprit. L'historien, en tant que tel, est donc philosophe, et a une philosophie arrêtée et précise.

1. *Irréligion de l'avenir*, p. 124, Paris, F. Alcan.

Pour comprendre que l'histoire est philosophique et fondée à faire le procès des religions, il faut savoir comment elle se constitue, et quel est son objet. L'histoire établit, par la critique des témoignages, la vérité, c'est-à-dire la réalité empirique, le sens et la portée des faits passés. Déterminer sa valeur comme science, c'est indiquer sur quelles bases la critique se fonde, et à quels résultats par là même elle conduit.

Or, le problème de la critique, posé en ses termes les plus généraux, est celui-ci : « Peut-on, par un examen minutieux des récits humains, à l'aide de la science moderne, physique et mentale, parvenir à déterminer les lois physiques et mentales, qui gouvernent la correspondance plus ou moins grande entre le témoignage humain et le fait qu'il rapporte ? » Précisons, c'est-à-dire particularisons la question. « L'histoire dépend du témoignage. Quelle est la valeur du témoignage en des temps donnés ? » Par exemple, « l'homme du IIIe siècle percevait-il, rapportait-il et interprétait-il les faits de la même manière que l'homme du XVIe et du XIXe ? Et si non, quelles sont les différences, et quelles déductions y a-t-il à tirer de là, s'il y en a » ? Là gît « le principal intérêt de l'histoire », et de là sortent les plus importantes conséquences. « Tout le christianisme orthodoxe est là », par exemple. « Une histoire du témoignage », conçue « du point de vue de l'évolution », répondrait « au plus grand besoin de l'érudition moderne ». On ne sait pas « quelle masse de lumière » cette histoire, « systématiquement conduite, jetterait sur l'histoire de l'esprit humain, c'est-à-dire sur l'histoire des idées » (*Robert Elsmere*).

La critique historique s'appuie sur la psychologie ; elle considère les témoignages à part des faits attestés, elle les considère comme étant eux-mêmes des faits, explicables par la science mentale, et s'aide de cette science pour les interpréter. Mais la critique à son tour éclaire la psychologie. Les faits qu'établit la critique, et par exemple les formes diverses de l'esprit humain qu'elle révèle, sont autant de matériaux précieux, directement utilisables pour la science de l'esprit humain. Même, de ce point de vue, Renan a pu dire que la vraie psychologie, c'est cette science vaste et complexe, qu'il appelle la *philologie*. « La science des langues, c'est l'histoire des langues ; la science des littératures et des religions, c'est l'histoire des littératures et des religions. La science de l'esprit humain, c'est l'histoire de l'esprit humain[1]... » « Sans doute il y a de l'universel et

____

1. *Avenir de la science*, p. 174.

des éléments communs dans la nature humaine[1] », mais ces traits généraux de l'humanité, on ne peut les saisir d'emblée, et en étudiant les hommes d'une civilisation donnée ; on ne peut les dégager que de l'étude comparée des civilisations diverses. L'expérience de l'histoire fournit seule une base assez large pour édifier la science psychologique selon la méthode inductive.

La critique et la psychologie sont donc solidaires. Le sens historique et la réflexion psychologique s'éveillent en même temps, et l'un par l'autre. Nous apprenons à nous connaître, en découvrant à quel point nous différons des hommes d'autres temps ou d'autres pays, et inversement nous comprenons les hommes d'autres temps et d'autres pays, en remarquant à quel point ils diffèrent de nous.

Or, voici comment notre esprit s'ouvre à la critique. Si, après avoir étudié l'histoire dans les ouvrages de seconde main, nous remontons aux sources, nous sommes alors « frappés d'une sorte de vertige ». Tandis que, retracé par les historiens modernes, le passé revêt la forme de notre esprit, présente « de la rationalité, de la cohérence et, pour ainsi dire, de la modernité », l'histoire, étudiée dans les documents originaux, « produit

1. *Ibid.*, p. 176.

une impression singulièrement aiguë de *différence* et de *contraste*. Les hommes et les femmes que l'érudit fait surgir à la lumière de son esprit sont pour lui comme d'étranges marionnettes. Ils portent des noms que sans doute il connaît : rois, évêques, juges, poètes, prêtres, hommes de lettres. Mais quel abîme entre eux et lui ! »... Quels extra-ordinaires préjugés peuvent naître « avec un homme et colorer toute sa manière de voir de l'enfance au tombeau ! » Toutefois le trouble intellectuel, produit par ce dépaysement des temps, n'est que provisoire. En dernière analyse, l'érudit voit « que ces hommes et ces femmes, dont il recherche les lettres et les biographies, les *credo* et les conceptions générales du monde, sont réellement ses ancêtres, l'os de ses os et la chair de sa chair » (*Robert Elsmere*). Notre esprit, en effet, si différent qu'il paraisse de celui des générations antérieures, est le même par nature, et d'ailleurs en dérive ; notre science elle-même, qui a creusé un abîme entre le passé et nous, a ses fondements dans le passé. L'histoire nous découvre donc d'abord notre originalité, mais elle nous découvre aussi, quand nous creusons plus avant, le fond commun d'humanité que nous portons en nous. Elle nous donne ainsi la connaissance complète de nous-mêmes et des autres, une telle connaissance étant la connaissance des différences entre eux et nous, jointe à celle des ressemblances, nettement définies.

Par suite, la critique établit, en même temps que la réalité objective ou la vérité matérielle des faits historiques, la valeur subjective de ces faits ou la signification qu'ils ont pour l'esprit humain. Mais cette signification est elle-même relative et changeante, elle a son histoire, et la critique qui nous fait connaître l'évolution des idées et des formes de l'esprit humain, peut être elle-même donnée comme preuve de cette évolution. En effet, elle progresse sans cesse, et non pas seulement en ce sens qu'elle pousse plus avant son enquête dans le domaine des informations, mais encore en ce sens qu'elle conduit cette enquête avec une science plus rigoureuse et une méthode plus sûre. « Le témoignage, comme toute autre faculté humaine, s'est développé. La faculté qu'a l'homme de saisir et de rapporter ce qu'il voit et entend a crû, s'est amplifiée et fortifiée, comme les facultés raisonnantes d'un habitant des cavernes se sont développées au point de devenir les facultés raisonnantes d'un Kant... La preuve raisonnée de ceci peut se déduire de l'histoire et de l'expérience » (*Robert Elsmere*).

L'histoire est donc toujours autorisée à reprendre

l'interprétation déjà donnée des faits ; en l'absence même de documents nouveaux, elle devrait sans cesse réviser ses jugements, au nom d'une critique devenue plus exigeante et plus éclairée. Elle a en effet pour but, non de recueillir des témoignages, mais d'en discuter la valeur. Elle est essentiellement « critique » et « pourrait se définir la science de ce qui est croyable ». C'est ainsi que, dans les questions religieuses en particulier, elle aura à prendre parti et sera [appelée à diriger notre jugement.

Tout d'abord il faudra refuser au théologien le droit de se soustraire aux règles de la critique. La méthode historique a une portée universelle. C'est ruiner cette méthode que de regarder comme sacrés, si on entend par là valables *a priori*, les témoignages bibliques ou autres. Que l'on ait cru de bonne foi dès l'origine à la divinité du Christ et que cette croyance, qui explique le développement de l'idée chrétienne dans le monde, se soit perpétuée jusqu'à nous, il ne s'ensuit évidemment pas que cette croyance soit fondée. Il s'agit en effet d'en faire la critique, c'est-à-dire de remonter à son origine historique, pour en déterminer la valeur.

Or, en présence du témoignage d'une époque donnée, le premier soin de la critique doit être

« d'établir quels sont les moules, les canaux dans lesquels le témoignage de cette époque doit courir », en d'autres termes, il faut chercher quelles sont les idées dominantes, « les préconceptions existant au moment où la période commence ». Si on applique cette règle à l'étude du premier siècle de l'ère chrétienne, tous les événements de ce siècle prennent une signification nouvelle.

« En premier lieu, je trouverai présente une préconception universelle en faveur du miracle..., préconception qui domine le travail de tous les esprits dans toutes les écoles. Lisez le témoignage de ce temps à cette lumière. Soyez préparé aux inévitables différences entre ce témoignage et celui de votre temps. Le témoignage d'alors n'est, au sens strict, ni vrai ni faux. Il émane simplement d'hommes incompétents, dont l'éducation est incomplète, pré-scientifique, mais il est, à travers tout cela, parfaitement naturel. Le merveilleux aurait été qu'il y eût une vie du Christ sans miracles. Les miracles sont dans l'air. L'Orient est plein de Messies. Même un Tacite est superstitieux. Même un Vespasien fait des miracles. Même un Néron ne peut mourir sans que, cinquante ans après sa mort, il ne soit regardé encore comme le promoteur d'un millier d'horreurs. La Résurrection est en partie imaginée, en partie idéalement vraie, en tous cas entièrement intelligible et naturelle, comme produit de l'époque, quand une fois vous avez la clef de l'époque » (*Robert Elsmere*).

Lorsqu'on définit ainsi par des témoignages concordants l'esprit du premier siècle, et qu'on interprète dans cet esprit les textes chrétiens, ces textes « tombent en place ; ils deviennent explicables et rationnels, ils apparaissent comme des matériaux dont la science peut faire entièrement usage ». Ainsi la doctrine de la divinité du Christ trouve elle-même « place dans un plan historique sain ».

Non seulement on doit interpréter les faits de l'histoire religieuse du point de vue de la critique et rétablir ces faits dans leur vérité historique, mais encore on doit accepter toutes les conclusions auxquelles une telle interprétation conduit. Or, un seul fait, contraire au dogme théologique, suffit à le renverser. Renan fut amené à rompre avec l'Église de Rome parce qu'il ne pouvait douter que le livre de Daniel ne fût un apocryphe du temps des Macchabées. Si l'Église, pensait-il, a pu se tromper sur la date et l'auteur de ce livre, « elle a pu se tromper en autre chose, elle n'est plus divinement inspirée ».

En effet, il ne saurait être permis de « faire face à la critique par un plat *non possumus* » ; on ne doit pas opposer aux faits une fin de non-recevoir, les tenir *a priori* pour faux, quand ils contredisent le dogme et par cela seul qu'ils le contredisent ; on ne doit pas par exemple raisonner ainsi : « Le livre de Daniel est ce qu'il prétend être, parce que Notre Seigneur l'a cité, et en termes tels qu'on ne peut douter qu'il en reconnaissait directement l'autorité. Celui qui est toute vérité et toute science ne peut avoir commis une erreur ».

Et si on n'a pas le droit de récuser la vérité historique, on n'a pas non plus celui de prendre des libertés avec elle ; ainsi il ne faut point dire comme l'Anglican libéral : « Le livre de Daniel est une fraude patriotique, » soit. « Mais comment savez-vous que Notre Seigneur l'a cité comme vrai au sens strict ? En fait, il l'a cité comme *œuvre littéraire*, comme un Grec pourrait avoir cité Homère, comme un Anglais pourrait citer Shakespeare. » Le texte précis de l'Écriture repousse cette interprétation ingénieuse, au fond de laquelle il y a d'ailleurs « un secret mépris » du témoignage invoqué, puisqu'on admet que la parole divine a pu être mal entendue et incorrectement rapportée.

La seule attitude qui convienne en face des textes sacrés est celle du « critique qui n'a aucun intérêt à servir, et qui pose la question avec calme, sans passion, comme elle lui apparaît ». La critique ne contestera ni le fait de l'inauthenticité du livre de Daniel, ni la portée de ce fait. D'une manière générale, n'ayant aucun dogme à défendre et acceptant toutes les données de la science historique et toutes les inductions de cette science, il ne laissera pas de ruiner les croyances chrétiennes, par cela seul qu'il détruira la légende sur laquelle ces croyances se fondent. S'il a été élevé dans la tradition évangélique, il verra cette tradition, à laquelle il avait accordé jusqu'alors une foi littérale et absolue, s'évanouir comme un songe poétique, dont il peut regretter le doux enchantement, mais qu'il voudrait en vain fixer et retenir. Il accomplira cette révolution intellectuelle, qu'on appelle la perte de la foi, mais qu'on pourrait appeler aussi bien et mieux le passage de l'absolu au relatif, car elle consiste à ramener la légende à l'histoire, à faire rentrer le miracle dans les lois de la nature et le personnage du Christ dans les rangs de l'humanité.

V

C'est ainsi que le problème religieux peut être philosophiquement résolu. Mais on constate que souvent la foi au christianisme demeure, l'erreur historique sur laquelle elle repose étant démontrée. Il ne faut point s'en étonner, si la foi doit être définie, non par l'objet auquel elle s'attache, mais par les sentiments et les habitudes d'esprit qu'elle engendre. Dans l'étude des questions religieuses, on ne saurait faire abstraction de l'esprit religieux lui-même. Envisageons le côté psychologique de ces questions. Un exemple éclairera notre pensée.

Mrs Humphry Ward a tracé, dans la personne de M. Wendover, le type de ces intellectualistes purs, dénués de spiritualité, comme diraient les mystiques, prédestinés à la négation et au doute, incapables de comprendre les âmes religieuses, et d'être touchés de la grâce, même littérairement, comme l'était un Sainte-Beuve. M. Wendover joint aux dons de l'intelligence une culture profonde. Il a subi la double influence de la haute spéculation de l'Allemagne et du scepticisme profane de la France ; il a une érudition énorme ; son irréligion n'est point légèreté d'esprit ni lourdeur de pédant ; c'est un historien et un philosophe. « Toute sa vie il avait pensé et écrit sur la religion », mais « avait-il jamais saisi la signification de la religion *pour l'homme religieux?* Dieu et la foi ! qu'étaient pour lui ces vénérables idées, sinon une matière à la plus subtile analyse, aux plus délicates inductions historiques ? » Un esprit de cet ordre peut avoir au plus haut degré l'intelligence de la religion, entendue comme fait historique, mais il ne saisit aucunement le rapport de la religion aux âmes, ou sa réalité psychologique. L'étude objective des religions ne lui a point révélé l'état d'âme du mystique ; cet état n'ayant point d'analogue dans sa propre conscience, il n'a pu l'imaginer ni le comprendre,

L'érudit, pour qui la religion n'est qu'un sujet d'étude, est en un sens moins apte à le juger que le moraliste pour qui elle est, suivant le mot de Jouffroy, une affaire d'âme. L'un vérifie l'application des lois naturelles de l'esprit humain dans l'épanouissement poétique des légendes et la construction savante des dogmes, et part de là pour railler le surnaturel et la foi ; l'autre, comme philosophe, « s'en tient à l'impossibilité *a priori* du miracle », et « n'a pas besoin qu'on lui démontre, par la méthode expérimentale et inductive, comment le miracle a été fabriqué », et comme quoi « il est l'exagération naturelle et inévitable de l'esprit humain », mais il respecte le sentiment religieux dans ses illusions, il accorde sa sympathie aux élans du cœur, aux dons heureux de l'imagination, qui ont suscité ce sentiment et continuent à le faire vivre. Or, lequel comprend le mieux la religion, de celui qui en a approfondi l'histoire, mais en méconnaît la réalité et la valeur comme fait psychologique, ou de celui qui a l'expérience intime du sentiment religieux et ignore l'histoire des religions ? Nous avons montré l'étroitesse du sentimentalisme religieux ; établissons aussi celle de l'intellectualisme athée.

En quel sens un libre esprit, muni de la science la plus vaste, armé de la critique la plus sévère, peut-il être dit incompétent dans l'étude du problème religieux ? C'est que le point de vue de la science, qui est le sien, est en somme extérieur. C'est qu'il est porté à méconnaître l'efficacité de la religion, son action sur les âmes, par cela seul qu'il en connaît trop la valeur historique et la faiblesse logique. Être détaché de la religion, c'est ne plus comprendre l'état d'âme de ceux qui sont restés religieux. Ainsi, aux yeux de M. Wendover, il importe de ne pas croire à la religion par simple dignité intellectuelle ; mais, au reste, il importe peu qu'on vive comme si on y croyait. Ce sceptique exige qu'on soit logique dans ses pensées ; il admettrait presque qu'on ne fût pas loyal dans sa conduite. Il est « l'homme du monde philosophe, qui méprise l'idée de prendre assez au sérieux les croyances pour les braver aussi bien que pour sympathiser avec elles ». Que reproche-t-il à Robert Elsmere devenu son disciple ? De ne pas suivre jusqu'au bout l'induction historique, de ne pas accepter le doute où la critique l'a conduit. Que lui conseille-t-il ? De continuer à exercer le ministère chrétien, quand il n'est plus chrétien. Il ne comprend ni le trouble d'esprit où le doute jette le prêtre, ni les scrupules de conscience dont il s'embarrasse, ni sa volonté de conformer sa vie à ses croyances. Il s'indigne à la fois, et peut-être également, de la timidité intellectuelle de Robert et de sa droiture morale. La faiblesse logique et la rigueur des mœurs lui semblent des préjugés de prêtre qui seraient liés l'un à l'autre. L'entière liberté intellectuelle l'a lui-même affranchi des deux.

L'hésitation de Robert à renier sa foi en face de l'évidence historique l'irrite et le confond ; il s'écrie :

« Une fois prêtre, toujours prêtre ? Que j'ai été fou d'oublier cela ! Vous croyez faire impression sur le mystique, et au fond il y a toujours quelque chose qui vous défie et qui défie le sens commun. Deux et deux ne font pas et ne feront jamais quatre, cela me donnerait trop de peine qu'ils le fissent !... Robert hésiterait-il à abandonner sa charge, son travail ? Son travail ! Eh bien ! qui l'empêchera de continuer son travail ? Sera-t-il le premier pasteur de l'Église d'Angleterre qui soigne les pauvres et tient sa langue ? Si vous ne pouvez dire votre façon de penser, c'est au moins quelque chose d'en avoir une. Les neuf dixièmes du clergé n'ont pas ce luxe-là !... Comme si quelqu'un s'inquiétait de ce qu'un pasteur croit de nos jours, pourvu qu'il accomplisse décemment les vieux rites ! »

Si l'on peut interpréter à ce point de vue les résultats de la critique, il ne faut pas s'étonner que certains esprits, qui ne peuvent contester ces résultats, et d'ailleurs n'y songent point, restent pourtant et veuillent rester religieux, quand ce ne serait que par aversion pour un scepticisme étroit et brutal. C'est ainsi que Robert Elsmere, tout en partageant les croyances intellectuelles de M. Wendover, se sentait séparé de lui par un abîme moral, et ne pouvait supporter la pensée que son détachement religieux, entièrement accompli dans l'ordre intellectuel, mais dans cet ordre seulement, le rangeât en apparence « du même côté » que lui, et le fît regarder « par un monde aveugle comme lié aux mêmes négations, aux mêmes hostilités ». Combien en effet il s'éloignait d'une telle âme, « en guerre avec la vie et

avec l'homme, sans sainteté, sans parfum ! »
D'une manière générale, le croyant qui a rejeté,
soit pour des raisons *a priori,* soit pour des raisons fondées sur l'évidence historique, le miracle
et la révélation, a encore à parcourir tout son
« chemin d'agonie » ; il n'est qu'au début de la
crise religieuse, il n'a fait que traverser la phase
intellectuelle de son évolution. Il lui reste à retrouver tout ce qu'il a perdu, à se donner une
conscience, une philosophie, une conception nouvelles de la vie et du monde, à asseoir sur de nouvelles bases ses sentiments et ses pensées, et à
replacer toutes choses « dans de nouvelles relations et de nouvelles perspectives ». C'est la crise
religieuse, ainsi entendue, qu'il nous reste à décrire.

VI

A cet effet, nous suivrons la méthode psychologique que M. Ribot a instituée et qu'il a pra-
tiquée avec tant de sûreté et de bonheur dans
tous ses ouvrages. Nous analyserons la dissolution
des croyances, nous en suivrons les progrès, nous
en marquerons les phases, et nous découvrirons
par là même indirectement la subordination des
éléments de la foi, j'entends leur organisation

psychologique, très différente de leur systématisation logique.

On constate que les croyances le plus vite ébranlées sont celles qui se rapportent à la théologie pure ; si on ne le savait par ailleurs, on apprendrait donc ainsi que le dogme fait peu d'impression sur les âmes et n'est point le véritable fondement de la foi. L'empreinte de la religion sur les croyances morales est bien plus profonde, elle ne s'efface guère et jamais complètement. Mais, de toutes les croyances, celles qui ont cessé d'être réfléchies et ont passé à l'état de rites et de pratiques, sont, à coup sûr, les plus persistantes. La dissolution de la foi est donc graduelle.

Toutefois cette loi appelle une importante restriction. La foi est « un bloc » ; elle n'existe qu'à la condition de se maintenir dans son unité et son intégrité ; elle ne peut être entamée sans être détruite. Comment donc peut-on dire qu'elle s'en va par degrés ? C'est qu'elle peut être diminuée dans sa matière sans être atteinte dans sa forme ; elle subsiste entière, quand des parties s'en détachent, parce qu'elle se recompose à l'aide des éléments qui restent. C'est ainsi que certaines personnes, ayant éprouvé des revers de fortune, trouvent moyen de vivre et de soutenir leur rang avec des ressources amoindries ; c'est ainsi que, dans la maladie ou la vieillesse, nous maintenons en équilibre nos forces diminuées. La prétendue dissolution de la foi n'est souvent qu'une réorganisation de la foi. Ou bien, si l'on veut, quand cette dissolution est réelle, elle n'est point sentie. Après qu'il a matériellement perdu ses croyances une à une, le fidèle croit encore les conserver toutes ; après qu'il les a peu à peu renouvelées, il croit les garder intactes. La solidarité des éléments de la foi est telle que, progressivement ébranlée, la foi ne peut cependant s'écrouler que tout d'un coup, et que, tant qu'elle dure à quelque degré, elle doit se croire entière.

Ainsi s'explique la résistance prolongée que le croyant oppose au doute. Chassée de l'intelligence, la foi paraît se réfugier dans le cœur ; mais, en réalité, elle ne se dédouble point ; tant qu'elle a dans l'âme une forteresse imprenable, elle reste maîtresse de l'âme tout entière. Il ne faut pas dire que le croyant qui fait taire ses doutes n'est point sincère, qu'il « mutile et réduit par la faim l'intellect rebelle ». La vérité est que le détachement intellectuel lui-même, en dépit des apparences, n'est jamais complet, tant que persistent « la religion du cœur, les habitudes imaginatives et émotionnelles contractées depuis des années », car ces habitudes pèsent sur l'intelligence elle-

même. Toute distinction des facultés est artificielle. Le prétendu conflit de la raison contre le
cœur, dit très bien Fouillée, est réellement « celui
d'une forme d'intelligence contre une autre, de
la réfléchie contre la spontanée » Les raisons du
cœur, « si elles sont vraiment des raisons, doivent
être intelligibles à la raison même, non sans doute
l'abstraite et la ratiocinante, mais celle qui tient
compte de toutes les données d'un problème,
c'est-à-dire en somme de toutes les raisons ».

Et le cœur, de son côté, ne peut rester fidèle
« à ses vieilles amours, à ses vieilles adorations »
que s'il est soutenu au moins par l'espoir aveugle
ou l'arrière-pensée « qu'à la fin, par quelque compromis encore imprévu », ses croyances présentement entamées « lui seront rendues intactes ».

Distinguons cependant le procès intellectuel et
le procès sentimental du détachement religieux.

Le procès intellectuel sera le suivant. Le croyant
oppose d'abord aux négations de l'incrédulité le
« doute philosophique », que Descartes opposait
aux affirmations téméraires : il tient presque pour
faux tout ce qui n'est que vraisemblable. La spéculation n'étant point pour lui un jeu, il n'a que
de l'aversion et du mépris pour les raisonnements
subtils ; il se défie des clartés trompeuses de la
logique, qui simplifie les problèmes, quand il

s'agit au contraire de leur donner toute leur portée, de les creuser profondément et en tous sens. Cependant tout ce que peut faire un croyant sincère, quand des doutes graves et troublants s'élèvent en son esprit, c'est de se donner du répit, de se retenir de conclure. La conclusion, à laquelle il pourrait en secret souhaiter d'échapper, se dégagera d'elle-même par la seule force de la critique qui, mise en éveil, revient sans cesse à la question posée et, à force de la retourner, la résout. On n'arrête pas en effet l'élan de la pensée, on n'élude pas les problèmes. Pour ceux qu'on n'aborde qu'avec crainte, qu'on hésite à trancher, et qu'on laisse reposer et mûrir, ils se trouvent précisément d'autant mieux résolus qu'ils le sont par des arguments ne répondant point à l'appel ou à la sollicitation de la pensée, mais s'offrant spontanément et se pressant de toutes parts pour entraîner la conviction. C'est ainsi que la vérité est destinée à se faire jour dans l'esprit prévenu du croyant.

On ne blâmera pas le croyant d'opposer à l'incrédulité les résistances d'une raison scrupuleuse ; le blâmera-t-on de lui opposer les répugnances du sentiment ? D'abord il ne faut pas prêter gratuitement au cœur le pouvoir d'anéantir la raison ni le parti pris de s'élever contre elle. Le sentiment ne se range pas nécessairement du côté de la foi, et il a été prouvé par un remarquable exemple que le détachement religieux peut être plus sûrement et plus vite accompli par un cœur loyal, fier et résolu, que par une intelligence supérieure : c'est Henriette Renan, qui a soutenu son frère dans sa crise religieuse, qui a été son guide, sa lumière. Lorsque, au contraire, c'est le cœur qui soutient la foi ébranlée par la raison, il faut voir pour quels motifs, et si ces motifs sont respectables et fondés. En général, celui qui se détache des croyances traditionnelles, apercevant d'abord et uniquement le vide que fait en son âme la foi qui s'en va, est épouvanté des conséquences de son incrédulité autant ou plus que de son incrédulité même. Cette question redoutable se pose à lui : « Est-ce la loi des choses ? Une fois les croyances d'un homme perdues, une fois jetés au loin les vieux principes organisateurs, les vieilles contraintes traditionnelles, qui l'ont fait ce qu'il est, la détérioration morale est-elle certaine ? » (*Robert Elsmere*).

L'esprit s'arrête sur ce doute troublant et n'a point de repos qu'il n'en soit sorti. Ce n'est point, en effet, de négations que l'âme a besoin, c'est de vérités positives qu'elle « se repaît », pour parler comme Descartes. Nous voulons sans doute adhérer à la science, mais nous voulons aussi savoir où la science nous conduit. Nous ne voulons pas quitter prématurément nos erreurs, nous voulons retenir la vérité qui s'y mêle ; nous voulons garder l'abri des anciennes croyances, jusqu'à ce que, sur les fondements de la philosophie et de la science, nous ayons pu, comme Descartes, rebâtir notre maison.

Nous ne reconnaissons comme valable que la critique positive, que celle qui ne détruit pas seulement la légende chrétienne, mais nous découvre la vérité relative qui en fut l'âme, que celle qui, retraçant par exemple le personnage de saint Paul ou de Jésus, substitue à la figure de convention, dont l'imagination des peuples a fixé les traits, une figure plus éclatante de vie humaine, et par cela seul plus attachante et plus belle, que celle qui dresse en face de la fiction ancienne une image de vérité digne d'attirer à elle les sympathies et les hommages.

Ce qu'on appelle se détacher de la foi, ce ne peut donc être proprement autre chose que remplacer une croyance par une autre. Le mot incrédulité convient mal pour désigner indistinctement l'état d'âme de tous ceux qui se séparent du dogme théologique ; ceux qui s'en séparent complètement et sans retour sont, à leur manière, des croyants, puisqu'ils ne cessent d'être chrétiens que parce qu'ils conçoivent une forme de vie et de pensée supérieure à la religion du Christ, puisqu'à leurs yeux la perte de la foi traditionnelle est et doit être, intellectuellement et moralement, un gain.

On a coutume, il est vrai, de demander si l'homme qui a donné son cœur au dogme établi, venant à découvrir la vérité qui contredit ce dogme, le donnera aussi bien et aussi passionnément à cette vérité. Mais pourquoi non, si du moins il n'a pas épuisé le fonds d'enthousiasme et d'amour que la nature a mis en lui ? « Efforce-toi de garder la vérité, dit saint Augustin, et quoi que la vérité t'ait donnée, tu ne perdras jamais rien. » Les « hommes de peu de foi » sont aujourd'hui ceux qui n'ont pas la décision et le courage d'affronter le doute et de consommer la ruine des croyances reconnues fausses. Ce sont ceux qui continuent à se dire chrétiens, parce qu'ils croient au Christ « martyr, symbole, pour nous autres Occidentaux, de toutes les choses célestes et éternelles, l'image et le gage de la vie invisible de l'esprit », alors que cependant ils ne croient plus à « l'homme Dieu, au Christ faiseur de miracles, à un Jésus monté au ciel ».

Non seulement l'abandon du christianisme s'impose aux esprits sincères, mais encore il peut être, pour les âmes ardentes, le point de départ de l'adoption d'une foi nouvelle. La critique religieuse ne saurait avoir un résultat négatif. S'il est une loi qui se dégage clairement de l'histoire, c'est celle de la continuité ou de l'évolution : cette loi s'applique aux croyances religieuses, comme à tout le reste. L'histoire n'est point la curiosité vaine qui s'attache à un passé évanoui ; elle est une science, et toute science a pour objet ce qui est, non ce qui devient, ce qui est éternel, non ce qui doit périr, et *a fortiori* ce qui déjà n'est plus. La fin de l'histoire est de saisir le fond immuable que recouvrent les changements humains, de relier le passé au présent ; des croyances d'autrefois elle dégage les vérités éternelles dont l'humanité a toujours vécu et ne doit jamais cesser de vivre. Elle est philosophique et comporte une conclusion dogmatique.

C'est ainsi que l'histoire de la religion sert d'abord à poser les termes du problème religieux actuel. Ce problème est le suivant : « Comment trouver une religion, quelque grande conception qui soit une fois de plus capable, comme l'étaient les anciennes, de contenir les sociétés et de tenir en échec les instincts brutaux de l'homme ? » C'est un fait que le peuple ne craint plus les « sanctions chrétiennes », et que la classe éclairée est partout indifférente ou passionnément hostile au christianisme. Que produira cette incrédulité croissante ? On voit surgir déjà, en même temps que « l'athéisme des grandes démocraties », un socialisme menaçant, « une guerre de classes qui n'est plus adoucie par les espérances idéales et la loi idéale de la foi... Le monde n'aura jamais vu rien d'analogue à ce que nous voyons : une telle anarchie et une telle pauvreté spirituelle, combinées avec une telle puissance et de telles ressources matérielles. Toute société, chrétienne ou non, a toujours eu jusqu'à présent son idéal, d'une valeur éthique plus ou moins grande, son recours à quelque chose de supérieur à l'homme. Le christianisme nous a-t-il amenés à ce résultat que les nations chrétiennes doivent être les premières dans l'histoire du monde à tenter l'expérience d'une vie sans foi, » cette vie que tous les esprits élevés, croyants ou non, s'accordent « à juger digne seulement de la brute ? » (*Robert Elsmere*).

Tel est le problème qui se pose dans l'état présent des esprits. Comment sera-t-il résolu ? Les sociétés seront-elles brisées par la force aveugle ? Ou se maintiendront-elles par l'accord des bonnes volontés ? Nul ne le sait, mais une chose du moins est claire, pour ceux qui reconnaissent le devoir social et ne désespèrent pas de l'avenir. Ceux-là doivent comprendre que leur rôle est tout d'abord « un rôle de sincérité absolue d'action et de parole ». S'il s'agit d'enrayer le mouvement de destruction aveugle et de sauver la société de l'anarchie, il ne s'agit pas de la sauver au prix d'un mensonge, et de conserver de parti pris, comme un frein utile, des institutions ruinées, des croyances éteintes. Il faut accepter comme passés les faits réellement passés, et ne pas en barrer la route de l'avenir. Ainsi, au lieu de s'entêter à voir dans l'incrédulité un péché, un triomphe momentané du mal, il faut y voir « le procès urgent de l'éducation divine, le commandement ferme et inéluctable que Dieu nous donne de chasser les fables enfantines, le mouvement imprimé par son esprit au nôtre vers de nouvelles manières d'adoration, de nouvelles formes d'amour ». Au lieu de tenter vainement de ranimer une foi éteinte, il faut s'appliquer à fonder une foi nouvelle. Quiconque sent une « certitude » en lui est tenu de la communiquer et de la répandre. La science notamment (et j'entends ici la science historique), doit mettre son autorité et son crédit au service de l'humanité ; elle doit prendre sa part de la tâche sociale, elle doit éclairer de sa lumière les questions dont la solution importe à tous.

L'érudition pure serait une défaite de la science.

C'est ainsi que l'histoire du christianisme est appelée à se prononcer sur la valeur du christianisme. Que devons-nous retenir de la tradition chrétienne ? Si nous ne pouvons plus croire au miracle, nous pouvons croire encore au divin, à l'idéal, dont le miracle n'était que le symbole grossier. Dieu n'a point abandonné le monde. Il s'est seulement rapproché de nous. « Les grands hommes deviennent plus grands, la vie humaine plus merveilleuse, quand le miracle disparaît. » Quand le culte de l'expérience et de la science remplace la foi au miracle, quand le respect de la grande figure historique du Christ remplace l'adoration de l'Homme-Dieu, que perdons-nous réellement ? Le christianisme cesse-t-il même d'être notre loi, parce que nous nous sommes séparés de l'Église ? Non ; le passé vit toujours en nous, et, comme dit Auguste Comte, « les vivants sont de plus en plus gouvernés par les morts qui représentent la meilleure portion de l'humanité. » On n'en a point fini avec le Christ, parce qu'on a détruit la légende chrétienne. « Sa vie et sa mort sont à la base de nos institutions, comme l'alphabet est à la base de notre littérature... La vie de Jésus est imprimée d'une manière ineffaçable dans la civilisation et les conceptions sociales de l'Europe ». Sans doute l'histoire du

Christ est en partie légendaire et sa doctrine est mêlée d'erreurs. Mais ne pouvons-nous pas « reconcevoir le Christ », rétablir dans la vérité sa vie et sa doctrine ? « Toute grande religion est en réalité une concentration de grandes idées, capables, comme le sont toutes les idées, d'une expansion et d'une adaptation indéfinies. Malheur à notre faiblesse humaine si, avant qu'elle le doive, elle relâche un instant son étreinte sur quelqu'une de ces rares et précieuses possessions qui l'ont aidée dans le présent et peuvent l'inspirer de nouveau dans l'avenir ? » Reconcevoir le Christ ! C'est la tâche de notre époque, et, à vrai dire, c'est la tâche à laquelle s'est appliquée l'Europe chrétienne depuis le commencement. Mais reconcevoir le Christ, ce ne sera point le moderniser, en fausser une fois de plus l'image ; ce sera, au contraire, revenir « à travers les siècles, essayer de voir le Christ de Galilée et le Christ de Jérusalem tel qu'il fut, avant que l'amour crédule, la tradition juive et la subtilité grecque eussent à la fois obscurci et embelli la vérité ? » Et ce Christ véritable que l'histoire nous aura rendu pourra être encore « le maître spirituel de notre temps ». Nous pourrons encore ramener « sa vie, précieuse et inestimable possession de notre race, à quelque relation réelle et puissante avec nos espérances modernes ». Et ce n'est point là un « simple rêve, conçu dans le vague... En tous temps, et dans toutes les nations, l'homme s'est aidé du souvenir constant et passionné de ces grands hommes de sa race qui lui ont parlé le plus intelligiblement de Dieu et de l'espérance éternelle. » Et pour nous, Européens, la tradition a décidé : le plus haut symbole du divin est Jésus.

Telle est la forme philosophique sous laquelle Mrs Humphry Ward nous présente le rajeunissement du dogme chrétien. Ce néo-christianisme, dans lequel ne trouvent place ni le miracle, ni les allégories, ni les symboles, n'est plus qu'une forme particulière et locale de la Religion de l'humanité, du culte des grands hommes qu'Auguste Comte a fondé. De toutes les figures de l'histoire, celle du Christ est peut-être la plus grande et la plus touchante ; elle est, à coup sûr, celle dont l'action sociale a été la plus puissante et la plus féconde ; cependant elle n'est point la seule qui mérite notre reconnaissance et notre amour. Le christianisme, même nouveau, ne se justifie que comme type particulier de la religion historique, de l'attachement que tout esprit cultivé doit avoir pour la civilisation, pour ceux qui en furent les fondateurs, les héros et les martyrs, c'est-à-dire en somme pour ses éducateurs et ses maîtres. Mais, à ce titre, il garde aujourd'hui encore tout son prix. Ce qui nous manque en effet, en dépit du progrès des sciences et en raison de la « spécialité dispersive », qui en est à la fois la condition et l'effet, c'est cette éducation intégrale, que le christianisme donnait autrefois aux esprits, et qu'on n'a point remplacée. Mais ces croyances fondamentales, dont nous sentons le besoin, il dépend de nous de les acquérir, et notre devoir est de les acquérir au plus tôt, et de ne plus compter sur l'appui des croyances éteintes pour soutenir nos sociétés en péril.

En résumé, la religion est un fait historique que l'incrédule, pas plus que le croyant, n'a le droit d'ignorer. La question religieuse restera pendante, ni l'incrédulité ni la foi n'auront cause gagnée, tant que la religion n'aura pas pour tous les esprits un sens défini, ne sera pas examinée par tous directement et en elle-même. Le dogme doit être étudié dans sa forme primitive et dans ses remaniements successifs ; il doit être élucidé par la critique et par l'histoire ; on ne saurait se prononcer à moins sur sa valeur philosophique ; ce n'est point *a priori* ni pour des raisons extérieures, raisons de sentiment ou d'intérêt politique et social, c'est *a posteriori* ou après examen, c'est pour lui-même et tel qu'il apparaît dans sa vérité historique et morale, qu'il doit être accepté ou rejeté. Étant établi comme fait, il devient critiquable comme doctrine. Il cesse alors d'être négligeable pour ceux mêmes qui le rejettent, et absolu pour ceux qui l'admettent ; il apparaît comme ayant été dans le passé ce que, réadapté, il pourrait être encore dans le présent, à savoir une tradition élaborée, qui rallie les intelligences, un principe moral qui groupe les forces éparses de la civilisation. En ce sens, le problème que nous avions posé reçoit une double solution, positive et négative. La foi se dissout, en tant qu'elle rejette ses éléments morts, mais par là elle atteste sa vitalité, sa force d'adaptation à des conditions nouvelles de civilisation et de pensée.

Nous devons reconnaître que le point de vue de l'apologétique chrétienne n'est plus celui auquel on s'est placé dans ce chapitre. Les croyances religieuses ne sont plus aujourd'hui présentées comme des faits historiques, dont il y aurait à discuter l'origine, le sens et la portée ; elles sont posées à titre de faits psychologiques, d' « expériences », qu'il n'y aurait pas à interpréter, à justifier, qu'il s'agirait seulement de ne point repousser, d'accepter comme réels. A mesure que le terrain se dérobe sous elle, la religion se ferait donc plus humble : au lieu de s'imposer comme doctrine, elle se poserait comme fait.

Échappe-t-elle ainsi aux prises de la critique? Devient-elle inattaquable? W. James le prétend; mais sa thèse repose sur une équivoque, comme le montre fort bien James Leuba.

Sans doute « les états de conscience religieuse sont ce qu'ils sont, irrévocablement. On ne peut pas plus les nier ou les contester qu'aucun autre état de conscience... Ces états ont eu lieu et cela suffit. La science n'a jamais essayé de nier que saint François d'Assise eût des moments d'une joie ineffable, d'une joie qu'il tenait pour infiniment supérieure à n'importe quel plaisir de la terre; ni que Bunyan entendît des voix qu'il pensait venir des diables ou de Dieu, ni que Georges Müller, après avoir prié pour demander du secours, ne se sentît réellement « soulevé par le sentiment de la présence du Tout-Puissant au-dedans de lui ». La science accepte ces faits comme faits de conscience et, sur ce point, il ne saurait y avoir conflit entre la science et la théologie.

« Mais là où le conflit surgit, c'est quand les personnes en question s'imaginent que leurs expériences impliquent la validité objective ou universelle de certaines de leurs idées, quand elles disent par exemple que leurs expériences attestent l'existence actuelle de Jésus de Nazareth ou que la croyance en certaines doctrines est une condition nécessaire de ces expériences...

« La valeur des états de conscience religieux est juste de la même nature que celle de n'importe quels autres états de conscience. Ils sont absolus, incontestables, mais seulement en tant qu'on les considère comme une expérience du sujet. Pour que les théologiens, qui croient trouver dans l'expérience intime les données de la théologie.., puissent être regardés comme des argumentateurs sérieux, il faut qu'ils nous expliquent d'abord comment ils s'assurent du caractère objectif et universel de leur connaissance[1]. »

Le scandaleux passage de la conscience empirique à l'intuition métaphysique, voilà pourtant toute la preuve de la vérité religieuse, qu'a prétendu instituer William James, dans un livre qui a eu le plus retentissant succès. La croyance du mystique est au-dessus du doute ; tous nos raisonnements ne sauraient l'ébranler. Cela suffit pour qu'elle s'impose aussi à nous. Elle est un fait que nous ne pouvons nier. C'est une expérience qui vaut la nôtre, qui est de même nature et qui prouve tout autant.

« Nos sens, disons-nous, nous garantissent la réalité de certains faits ; mais les expériences mystiques sont des intuitions immédiates, tout comme nos sensations ; même quand les fonctions de tous les sens sont suspendues, ces expériences saisissent une réalité tout comme la perception extérieure. En somme l'expérience mystique est invulnérable[2]. »

1. Leuba, *La psychologie des phénomènes religieux*, p. 282-3. Paris, F. Alcan, 1914.
2. W. James, *The Varieties of religions Experience*, p. 423, cité par Leuba, p. 124.

A ce compte, tout serait expérience, et expérience probante. Il semblait qu'une expérience, pour être valable, dût pouvoir être répétée à volonté, contrôlée par tous. L'expérience mystique est affranchie de cette règle. C'est une expérience privilégiée, réservée à des élus ; elle ne devrait valoir que pour eux. Est-ce que l'expérience contraire, l'expérience de l'incroyant (car elle existe aussi, elle est tout aussi réelle ; elle est bien plus commune et tout aussi forte, tout aussi impérieuse) serait par hasard moins probante ? Est-ce qu'on la récuserait comme négative ? En réalité, W. James se met dans l'obligation d'accepter toute expérienee, quelle qu'elle soit, et de tenir pour également fondées les croyances qu'impliquent le délire, les ivresses de toutes sortes, les extases mystiques et autres, et de ruiner par là même la distinction que le sens commun établit entre les croyances illusoires et fondées. Cela ne lui donne pas le droit de rejeter l'expérience athée, si elle est authentique. Son raisonnement ne prouve donc rien, pour vouloir trop prouver. J'ajoute que, s'il prouvait quelque chose, il aurait un caractère injurieux, légèrement impertinent, à l'égard des croyances mêmes qu'il prétend établir, puisqu'il repose au fond sur ce principe que l'illusion vaut le fait. Serait-ce là le dernier mot du pragmatisme :

Qu'importe la vérité du dogme ? N'est-ce pas son action sur les âmes, son efficacité morale qui compte ? N'est-ce pas la force, que le mystique puise dans sa croyance, qui fait, à ses yeux, tout le prix de la religion ?

Je ne puis croire que ce soit là le véritable état religieux. En tout cas il me semble qu'une religion s'abandonne, se trahit elle-même, quand elle renonce à donner ses preuves, ou se croit suffisamment prouvée, par cela qu'elle subsiste dans l'âme du mystique. La religion revêt une attitude humiliée quand elle ne se présente plus que comme un fait d'expérience.

Tel est pourtant le point de vue auquel on se place pour la considérer aujourd'hui. Il est permis de voir dans la forme nouvelle de l'apologétique chrétienne une nouvelle preuve de l'affaiblissement et du déclin de la foi.

CHAPITRE VI

LE PROTESTANTISME ET LA LIBRE PENSÉE

Le chapitre qui précède, paru dans la *Revue philosophique* (sept. 1898), a été l'objet d'une longue discussion de M. Henri Bois, publiée dans la même Revue sous le titre : *La conservation de la foi* (mars-avril 1899). Je ne saurais reproduire les deux articles de M. H. Bois, non plus que la réponse que j'y fis (*La dissolution et la conservation de la foi*. Rev. phil., mai 1899). J'y renvoie le lecteur, mais j'en dégagerai les idées principales et y ajouterai quelques réflexions.

M. H. Bois me combat du point de vue protestant. Il m'abandonne volontiers les catholiques, voire même certains protestants, les symbolistes de l'école d'Auguste Sabatier[1], pour lesquels on dirait qu'il ne me trouve pas assez sévère, mais il défend contre moi les protestants orthodoxes et le

[1] « Le jugement de M. Dugas se comprend et se légitime en partie, lorsqu'on voit quel est le protestantisme auquel il en a : c'est le protestantisme de M. Auguste Sabatier, c'est le protestantisme de cette école théologique parisienne qui a pris ou qui s'est laissé donner le titre rébarbatif de *symbolofidéisme*. » Mais « M. Dugas identifie à tort le christianisme avec le catholicisme,... le protestantisme avec le symbolofidéisme »

christianisme en général, dont ceux-ci seraient les vrais représentants, et que j'aurais méconnu en leurs personnes. Il prétend opposer à ma thèse « celle de la possibilité et de la nécessité d'un christianisme intérieur et mystique, affranchi de la tradition ecclésiastique et aussi éloigné de la libre pensée irréligieuse que du catholicisme historique ». Il est clair que nous ne saurions nous entendre ; nos points de vue sont trop différents ; il serait donc sans intérêt d'engager ou de reprendre une polémique sur ce point ; mais, puisque l'occasion m'en est offerte, je m'expliquerai sur les rapports entre le protestantisme et la libre pensée.

Parlant de la croyance religieuse en général, j'avais naturellement en vue la croyance chrétienne plutôt que musulmane et, parmi les croyances chrétiennes, la croyance protestante plutôt que catholique, parce que je prenais celle-ci pour ce qu'elle se donne, pour la croyance la plus philosophique, la plus acceptable, et je prétendais montrer qu'elle n'est pas encore assez philosophique, assez acceptable, à mon sens. M. Henri Bois s'est mépris sur mon dessein. Il a cru que j'en avais au protestantisme, que je lui avais voué une haine particulière, laquelle dénoterait une mentalité et des préjugés catholiques. En réalité il admet et approuve qu'on se détache du catholicisme, mais du protestantisme, non. Il corrige donc mon texte, et là où j'avais écrit « christianisme », il barre et met à la place « catholicisme », ce qui lui permet de résumer ma thèse dans ce dilemme d'où il s'échappe : « ou bien le *catholicisme* ou bien la libre pensée et, la libre pensée étant impossible, la nécessité de la libre pensée ».

Serait-ce que, pour M. H. Bois, qui n'est pas protestant n'est et ne peut être que catholique ? Oui, ou peu s'en faut, et je crains que ce ne soit le point de vue du protestantisme... orthodoxe. Si encore catholique ne voulait dire que catholique ! Mais, dans la bouche des protestants (exceptons ceux qui voudraient être exceptés et disons : de la majorité des protestants), ce mot a un sens péjoratif et large. Je sais des gens à qui il ne suffit pas que les libres penseurs soient irréligieux, qui les voudraient antireligieux et qui, quand ils ne le sont pas, les baptisent cléricaux. De même les protestants appellent catholiques les libres penseurs et même ceux de leurs coreligionnaires qui leur déplaisent.

Ainsi, pour avoir avancé que le protestant n'est pas libre, qu'il est engagé envers la tradition évangélique, l'autorité de la Bible, comme le catholique l'est envers le Pape et l'Église de Rome, je me suis attiré cette verte réplique de M. H. Bois :

Quand je disais que M. Dugas était au fond imbu d'esprit catholique ! Il nous assure que « le protestant ou le catholique libéral, qui déclare vouloir user de sa raison, se contente de faire à la raison sa part ; il ne la prend pas pour règle, mais pour instrument ; il s'en sert pour légitimer, non pour critiquer les croyances. Si la foi théologique contredit la raison, le croyant, même éclairé, l'ignore, parce qu'il ne confronte point la religion avec la science, parce qu'il la met à part, la juge d'un « autre ordre ». Une « cloison étanche » empêche « les idées modernes de se faire jour dans le sanctuaire réservé de son cœur ». Lorsque M. Dugas tient ce langage, il nous semble que c'est le catholique tout court, le catholique orthodoxe plutôt que le catholique libéral ou le protestant, qu'il décrit. Que tels ou tels protestants n'usent pas ou n'usent que timidement et à regret de la raison individuelle, ne fassent qu'un usage restrictif de la raison, trahissent un parti pris regrettable ou même une perversion de jugement et un esprit sophistique, c'est assurément un fait. Mais savez-vous comment ces protestants-là sont désignés par leurs adversaires protestants plus éclairés ? Ils sont couramment traités de catholiques. Eh oui, il y a des catholiques même parmi les protestants. Mais les libres penseurs n'ont pas le droit de jeter la première pierre, puisqu'il y a des catholiques même chez les libres penseurs. Il y a des catholiques parmi les protestants... Qu'est-ce que cela prouve ?

Cela prouve, répondrai-je, que le mot catholicisme a besoin d'être défini, si l'on ne veut pas qu'il soit, comme en tout ce passage, un simple terme de guerre, un « tarte à la crème » injurieux. Que M. Bois m'applique, s'il lui plaît, le titre de catholique ; je crois qu'il me l'applique à tort, mais je ne m'en trouve pas plus offensé que je ne me trouverais honoré, s'il m'appelait protestant.

Il faut qu'un grave malentendu existe entre protestants et libres penseurs pour qu'on s'imagine, de part et d'autre, que, parce qu'on s'est rencontré parfois contre un adversaire commun, le catholicisme, on a le droit de se tendre la main. Des alliés peuvent être (on l'a vu dans la guerre des Balkans) des adversaires qui s'ignorent ou plutôt qui font trêve et ajournent leurs querelles. Plus généralement, des alliances politiques ne sont point un lien spirituel, une communion d'âmes. Mais il faut croire qu'il y avait ici lieu à méprise, puisque les philosophes de leur côté se sont fort exagéré leurs affinités intellectuelles et morales avec les protestants.

Plus exactement, sous ce rapport, les philosophes se rangent en deux classes : ceux qui se défient du protestantisme et se sentent plus éloignés de lui encore que du catholicisme (c'est la minorité, mais non négligeable, Auguste Comte est du nombre) et ceux qui se sentent attirés vers le protestantisme et le recherchent comme allié. Ces derniers, qui comptent parmi eux Quinet, de Laveleye, Renouvier, Pillon, Louis Ménard, regardent généralement le protestantisme comme « une transition nécessaire pour les peuples entre la religion et la libre pensée[1] ». Ils acceptent donc ses services, mais à titre provisoire. Ils y adhèrent pour des raisons profanes et ils me semblent le compromettre par la façon dont ils le recommandent. Ainsi Laveleye juge le protestantisme favorable 1° à l'instruction populaire, 2° à la famille (mariage), 3° à la liberté politique et religieuse, ce qui est fort bien, mais ne prouve pas qu'on doive ni qu'on puisse se faire protestant par politique, à la façon dont le Béarnais se faisait catholique. Il y faut, je suppose, d'autres conditions, un autre état d'âme, et, en disant cela, je témoigne de mon respect pour la religion en cause. Je ne distingue pas entre les libres penseurs qui veulent tirer le protestantisme à eux, se servir de son influence, le confisquer à leur profit et les protestants qui se proposent au contraire, comme Quinet, d'enrôler ou de convertir les libres penseurs ; je les mets tous ensemble, les renvoie dos à dos et leur reproche de se tromper les uns les autres. Je leur reproche encore de reprendre à leur compte « un rêve que l'Église catholique n'a pu réaliser et qu'ils n'atteindront pas mieux

1. Guyau, *L'irréligion de l'avenir*, p. 202 et suiv.

qu'elle » : celui de « ranger toutes les têtes sous l'unité » au profit soit de la libre pensée, soit du calvinisme, et cela « grâce au monopole exclusif de l'instruction publique[1] ». C'est en effet un but politique commun qui les rapproche, d'une façon au reste toute factice et provisoire.

Le divorce profond qui existe entre le penseur libre et le croyant, quel qu'il soit, affilié à une Église, éclate à la longue et ne peut manquer d'être senti. Témoin l'échec de la tentative de Renouvier, après la guerre de 1870, pour protestantiser la France. Renouvier avait été attiré vers les protestants pour des raisons historiques et sentimentales, par compassion naturelle pour des vaincus, à cause des persécutions qu'ils avaient subies, par sympathie intellectuelle aussi, à cause du libéralisme qu'il leur supposait, et qui est dans leurs principes au moins, s'ils ne le pratiquent pas toujours.

Nous avons essayé, dit-il, Pillon et moi, de rallier les libres penseurs à cette idée : Le moyen le meilleur, le plus habile et le plus moral de lutter contre le papisme serait d'*immatriculer* sa famille, comme chef de famille, dans celle qui semblerait la meilleure des catégories religieuses existantes et qui réunirait les moins imparfaites conditions de liberté.

Cette immatriculation, analogue à l'inscription

1. J. Bourdeau, *Pragmatisme et modernisme*, p. 148. Paris, F. Alcan, 1909.

de l'enfant sur les registres de l'état civil, aurait été, en bien des cas, une simple formalité, comme l'est le baptême ou le mariage religieux, dans le culte catholique. Dans le protestantisme, qui est déjà la religion « au moindre degré » (J. Bourleau), on eût choisi la secte la moins gênante ou la plus libérale et on eût prêté à cette secte le serment de fidélité minimum.

Nous avons conseillé aux libres penseurs de se faire inscrire, eux et leurs familles, dans celles des églises protestantes dont les dogmes et les règlements leur offriraient *les moins imparfaites conditions* de liberté. Et nous demandions aussi aux Églises protestantes de ne pas exiger une profession de foi individuelle de la part de ceux qui, en entrant dans une nouvelle société, entendaient être et rester des personnes libres.

Notre projet, ajoute Renouvier, échoua lamentablement. Les libres penseurs préférèrent rester plus ou moins directement affiliés à l'Église romaine que de venir à nous... Je suis convaincu que le même projet, repris aujourd'hui, échouerait encore. On ne voudra pas plus aujourd'hui qu'on ne l'a voulu en 1876, s'inféoder au protestantisme pour échapper au papisme[1].

Parbleu ! Comment les libres penseurs n'eussent-ils pas jugé plus inoffensive au fond, moins significative, leur inféodation nominale à la reli-

---

1. Ch. Renouvier, les *Derniers Entretiens*, recueillis par Louis Prat, p. 102-4. Paris, 1904.

gion traditionnelle que l'adoption par choix d'une religion nouvelle, si réduite qu'elle fût à leur usage ? Je me souviens d'un « billet du matin » de Jules Lemaître, traduisant le sentiment de tristesse et de malaise, qu'il avait éprouvé aux funérailles protestantes de Taine ; il jugeait avec raison cette « démonstration » voulue et cherchée, vaine et déplaisante, pour ne pas dire plus. Taine n'avait fait qu'accuser une de ces situations fausses, qui reposent sur une équivoque.

Il est juste de dire que, si les libres penseurs n'entrèrent point dans les vues de Renouvier, un grand nombre de protestants repoussèrent aussi les avances qui leur étaient faites. Ils se révoltèrent, et fir·nt bien, contre cette « immatriculation » d'un caractère politique ou social plutôt que religieux. En quoi je ne dirai pas qu'ils furent bien inspirés et habiles, flairant le piège : *Timeo Danaos..*, mais simplement honnêtes, loyaux et sincères. Les esprits vraiment religieux s'éloigneront toujours d'instinct des « ralliés », j'entends de ceux pour qui la religion n'est qu'un parti, politique ou social, les Brunetière, les Barrès et autres cardinaux verts, de ceux pour qui elle est moins que cela encore, une élégance, une mode, un goût esthétique, les Chateaubriand, les Barrès encore, de ceux pour qui, en un mot, la religion est un parti où on s'enrôle pour des motifs extra religieux. Les laïques, à qui manque le sentiment religieux, peuvent croire qu'ils en ont l'équivalent ; ils peuvent croire, par exemple, que le libre examen, le respect et l'usage de la raison individuelle, qui leur est commun avec les protestants, les rend spirituellement les frères de ceux-ci. Mais c'est là une illusion.

Le problème religieux serait simple, si chacun avait le droit de le résoudre selon ses sympathies, si chaque Église était une communion d'âmes, groupées selon leurs préférences individuelles. Mais il y a le dogme, qu'on est tenté d'oublier, de laisser dormir parfois ou d'interpréter et d'élargir, mais qui toujours se dresse, comme une barrière infranchissable, entre croyants et incroyants. Que le dogme émane d'une Église ou d'un texte sacré, qu'il soit imposé par une autorité ou soumis à la raison individuelle, il est toujours l'objet d'une vénération particulière, d'un respect sacré, que le libre penseur ignore, se refuse à partager et qui est la caractéristique, le *signe* du croyant.

Il faut qu'on sache, — et c'est un point sur lequel je suis heureux de me trouver pleinement d'accord avec M. H. Bois, — que le dogme, tel que je l'ai défini, lie le croyant et que nul n'a le droit, qui se dit chrétien, de le conserver en bloc après l'avoir rejeté en détail, de le vider de son contenu, de l'évaporer, de n'y plus voir qu'un thème littéraire, qu'une métaphore et un symbole, autrement dit, de prendre les libertés de l'esprit fort, sans pourtant passer ni vouloir passer pour tel. Sans doute il y a, dans toutes les Églises, sans excepter l'Église catholique, des esprits imbus de l'esprit moderne, qui ont toutes les hardiesses de pensée ; la question est de savoir si ce ne sont pas des esprits qui se croient libres, parce qu'ils ne sentent pas leurs chaînes. C'est pour cela que, quoiqu'il ait avec eux bien des idées communes, le philosophe s'éloigne des modernistes, aussi bien et plus encore, en un sens, que des croyants orthodoxes, parce qu'il blâme et déplore leur légèreté et leur inconséquence.

Je conçois les orthodoxes, dit Renan, je conçois les incrédules, mais non les néo-catholiques. L'ignorance profonde où l'on est en France, en dehors du clergé, de l'exégèse biblique et de la théologie, a seule pu donner naissance à cette école superficielle et pleine de contradictions. C'est dans les Pères, c'est dans les Conciles qu'il faut chercher le vrai christianisme, et non chez des esprits à la fois faibles et légers, qui l'ont faussé en l'adoucissant, sans le rendre acceptable[1].

Il est vrai que ce catholicisme édulcoré est le seul qui soit aujourd'hui possible. Mais qu'est-ce

1. Renan, *Avenir de la science*, p. 488.

qu'une religion qui ne se maintient qu'à la faveur de l'ignorance historique réelle ou de l'aveuglement voulu de ses adeptes ?

Ce qui a fait la fortune du catholicisme de nos jours, dit le même auteur, c'est qu'on le connaît très peu. On ne le voit que par certains dehors imposants, on ne considère que ce qu'il y a dans ses dogmes d'élevé et de moral ; on n'entre pas dans les broussailles ; il y a plus, on rejette bravement ou on explique complaisamment ceux de ses dogmes qui contredisent trop ouvertement l'esprit moderne. S'il fallait faire en particulier un acte de foi sur chaque verset de l'Écriture ou sur chaque décret du Concile de Trente, ce serait bien autre chose ; on serait surpris de se trouver incrédule. Ceux que des circonstances particulières ont amenés à soutenir sur ce terrain un duel à la vie à la mort ont des raisons de n'être pas si commodes [1].

C'est une erreur de croire que le droit d'interpréter le dogme, dénié au catholique, mais reconnu au protestant, légitime d'avance les interprétations de la Bible les plus osées, les plus téméraires, celles qui vont jusqu'à ôter à ce livre son caractère sacré. Il y a en fait un protestantisme orthodoxe et un protestantime libéral, mais ici on est embarrassé de dire lequel est le plus logique, puisque tous deux invoquent la liberté de conscience. Nous dirons du moins que le

1. *Ibid.*, p. 485.

protestantisme orthodoxe est le plus crâne. Il n'adoucit point la rigueur des dogmes ; il maintient ceux-ci (le péché originel, la rédemption, la prédestination, la grâce et l'élection) dans toute leur dureté, il n'y voit point des « mythes philosophiques », il les prend à la lettre, il en tire les « conséquences inévitables » : la « contrainte charitable », le *compelle intrare*. « Les Luther, les Calvin, les Théodore de Bèze ont prêché et pratiqué l'intolérance par les mêmes raisons que les catholiques. Ils n'ont réclamé le libre examen que pour eux-mêmes et dans la mesure où ils en avaient besoin ; ils ne l'ont jamais élevé au rang de doctrine orthodoxe. Calvin a brûlé Servet...[1] ». Nions-nous donc pour cela les services si importants que « le protestantisme a rendus au droit et à la liberté de conscience » ? Non, mais nous disons que ces services, s'il les a rendus à la liberté, c'est comme hérésie ; comme dogme au contraire, « il la menacerait, s'il était logique ». Mais est-ce louer le libéralisme des protestants, que de l'imputer à leur inconséquence ? Le protestantisme loge son ennemi avec lui : le libre examen, ou la liberté de penser. S'il reconnaît en effet cette liberté tout entière, il ne peut savoir d'avance où elle le mène, et si ce n'est pas jusqu'à la négation de la foi,

1. Guyau, l'*Irréligion de l'avenir*, p. 118-122.

dont elle est donnée comme la condition. Le protestantisme orthodoxe postule sans doute que la foi subsistera, étant libre, et sera sauvegardéé par sa liberté même ; mais c'est là une hypothèse gratuite, un vœu, une espérance, rien de plus. Pour garder cette espérance, pour faire qu'elle se réalise, il en viendra à rogner sur la liberté qu'il s'accorde. De toute façon l'incompatibilité de la liberté et du dogme est la pierre d'achoppement du protestantisme. C'est par là qu'il heurte, non pas seulement, comme le prétendent ses partisans, la mentalité catholique, mais tout esprit logique.

Le protestantisme, dit Guyau, en introduisant une certaine dose de liberté dans la foi, y a introduit aussi l'esprit d'inconséquence : c'est là sa qualité et son défaut... (Luther) a voulu faire la part du feu dans les dogmes et il a espéré conserver la foi en la limitant. Ces limites sont artificielles. Il faut voir comment Pascal, avec l'esprit logique d'un Français, qui est en même temps un mathématicien, se moque du protestantisme : « Que je hais ces sottises ! s'écrie-t-il : ne pas croire à l'Eucharistie, etc. Si l'Évangile est vrai, si Jésus-Christ est Dieu, quelle difficulté y a-t-il là ? » Nul, mieux que Pascal, n'a vu, comme il dit, ce qu'il y a d'« injuste » dans certains dogmes chrétiens, ce qu'il y a de « choquant », les « choses tirées par les cheveux », les « absurdités »: il a vu tout cela, et il l'a accepté. Il voulait tout ou rien : quand on a fait un marché avec la foi, on ne choisit pas ce qu'il y a de meilleur pour laisser le reste, on prend tout et on donne tout... Le protestantisme, quoique d'un ordre plus élevé (que le catholicisme) dans l'ordre des croyances, demeure pourtant aujourd'hui une marque de faiblesse d'esprit chez tous ceux qui persistent à s'y arrêter après les premiers pas faits vers la liberté de la pensée : c'est un arrêt à moitié chemin. *Au fond, les deux orthodoxies rivales qui, de notre temps, se disputent les nations civilisées, étonnent également celui qui a été élevé en dehors d'elles* [1].

Telles sont les objections que le libre penseur élève contre le protestantisme orthodoxe, mais peut-il, sans contradiction, en élever d'autres, précisément inverses, contre le protestantisme libéral ? Assurément. Si le protestantisme est illogique, quand il se montre rigide et ne fait pas au libre examen sa part, il est illogique encore, quand il lui fait au contraire la part trop belle et se montre un christianisme relâché. Il est tenu en effet de suivre les deux principes qu'il admet et n'a pas le droit de trahir l'un ou l'autre. On peut donc lui reprocher d'être voué

à une évolution perpétuelle qui le rapproche sans cesse de l'irréligion finale, mais par des degrés presque insen-

---

1. Guyau, *Irréligion de l'avenir*, p. 119-122. Guyau parle encore ailleurs de « la logique de l'esprit français, de cet esprit qui ne se plie pas aux demi-mesures, veut tout ou rien, n'a pu s'arrêter au protestantisme, et depuis deux siècles est le foyer le plus ardent de la libre-pensée dans le monde ».

sibles. Aussi le protestant ne connaît-il point les déchirements du catholique, forcé de tout prendre ou de tout rejeter : il ignore lés grandes révolutions et les coups d'État intérieurs, il a l'art instinctif des transitions, son *credo* est élastique. Il peut passer par tant de confessions diverses qu'il a le temps d'habituer son esprit à la vérité avant de la confesser pour son compte. Le protestantisme est la seule religion, au moins en Occident, où l'on puisse devenir athée, sans s'en apercevoir et sans se faire à soi-même violence : le théisme subjectif de M. Moncure Conway, par exemple, ou de tel autre unitaire ultra-libéral, est tellement voisin de l'athéisme idéaliste qu'on ne peut véritablement pas l'en distinguer et cependant les unitaires, qui en fait sont souvent des libres penseurs, croient, pour ainsi dire, croire encore[1].

Il n'est pas permis de se faire ainsi illusion. Ce serait trop commode. Renan, qui ose tout dire, avoue son regret « de n'être pas né dans un pays où les liens de l'orthodoxie fussent moins resserrés que dans les pays catholiques » ; il eût voulu, étant jeune, pouvoir cumuler les avantages de la foi et ceux de la libre pensée, et réaliser son rêve d'être chanoine à Saint-Brieuc ; mais il reconnaît bientôt que c'est là une pensée malhonnête et indigne de lui. S'il est vrai qu' « il y a parmi les calvinistes, et surtout parmi les Juifs, d'après M. Arréat, nombre d'incrédules, mais qui ne se

1. Guyau, *l'Irréligion de l'avenir*, p. 131 et suiv.

séparent jamais de leur groupe avec éclat, qui ne médisent jamais de leur religion » et qui, se sentant « en minorité, restent unis par un sentiment de solidarité très étroit[1] », c'est tant pis pour eux et pour leur Église. Il n'est pas permis en effet de « faire voyager » les idées modernes « sous le pavillon chrétien » (de Hartmann), de commettre le mensonge pieux du Vicaire savoyard, de rester prêtre ou même simple fidèle, quand on ne croit plus. Une Église est bien malade, si elle n'est pas morte déjà, quand elle n'est plus qu'une étiquette sociale, quand elle ne répond plus qu'à un besoin de « s'aimer les uns les autres », c'est-à-dire de s'aider, de se pousser, quand elle ne désigne plus qu'une clientèle, qu'un syndicat d'intérêts matériels ou une ligue mondaine. Le libéralisme trop vanté de certaines sectes ne serait-il pas de cette nature? Le sens du temporel, le souci, d'ailleurs louable, des « œuvres sociales », seraient-ils tout ce qui reste de certaines religions!

Je ne le prétends pas ; mais, s'il en était ainsi, je demande encore à ne pas le trouver bon. — Mais quoi! les philosophes sont-ils donc fondés à reprocher aux croyants de manquer de foi, d'avoir une religion de plus en plus large, c'est-à-

1. J. Bourdeau, *ouv. cité*, p. 147.

dire de se pénétrer des idées modernes et de se rapprocher d'eux ? Vraiment, de quoi s'inquiètent-ils ? Sont ce là leurs affaires ? Je remarque d'abord que, religion à part, il y a ici une question de probité intellectuelle et de propreté morale, dont j'ai le droit de ne pas me désintéresser. Ensuite je ne reproche pas aux croyants leur difficulté à croire, leur incrédulité même ; je la trouve trop naturelle ; je leur reproche de se la déguiser à eux-mêmes, ce qui est une faiblesse d'esprit ou une hypocrisie, et par surcroît je ne trouve pas dans la tiédeur de leur foi des garanties suffisantes contre leur fanatisme ou leur esprit sectaire. Enfin et surtout je ne suis pas de ceux qui trouvent qu'il n'y a pas à chicaner ceux qui pensent comme vous. Les modernistes, les protestants libéraux ont des idées qui ne sont séparées des vôtres que par l'épaisseur d'un cheveu. Ce sont des libres penseurs qui s'ignorent. Ne vous sentez-vous pas avec eux intellectuellement à l'aise ? Qu'avez-vous à dire ? Ceci, qu'une opinion, à mes yeux, ne vaut que par les motifs qui l'inspirent et la fondent. Qu'importe que je me rencontre avec vous dans une opinion, si ce n'est qu'une rencontre, si nos principes, nos méthodes, nos raisonnements divergent, si la vérité, à laquelle j'adhère de toutes mes forces, n'est qu'une concession que vous me faites de mauvaise grâce, ou si je ne dois qu'à un manque de logique de votre part l'accord apparent qui existe entre nous ? Ne dites pas qu'en raisonnant ainsi je vais rendre les rapports entre les hommes difficiles et la tolérance impraticable. Je me sens très bien capable de sympathiser avec ceux dont les idées sont à l'antipode des miennes, si je rencontre en eux la sincérité, la franchise et l'ardeur de conviction que je trouve en moi. Un croyant et un libre penseur, tels que je les conçois, qui ne trichent pas avec leurs idées, peuvent très bien s'estimer et se sentir plus près l'un de l'autre que s'ils partageaient les mêmes opinions avec des mentalités différentes. Il peut paraître paradoxal, mais il est vrai de dire que le libre penseur peut être très éloigné des hommes avec lesquels il est en communauté d'idées apparente, et même réelle, tandis qu'il serait très rapproché d'autres hommes avec lesquels il n'a pas une idée commune, par exemple des croyants orthodoxes. Les protestants, comme M. H. Bois, qui croient discréditer Auguste Comte, Renan et moi-même, puisque j'ai l'honneur de me trouver en si noble compagnie, en nous déclarant imbus de l'esprit catholique, ne disent donc rien qui vaille ; la question est de savoir si l'esprit catholique, avec toute son intransigeance et sa raideur, n'est pas logiquement supérieur à l'esprit protestant, quand même il serait prouvé que les idées protestantes l'emportent de beaucoup, à tous les points de vue, sur les idées catholiques.

Il faut savoir à l'occasion, pour être vraiment de son avis, être seul de son avis, et se désolidariser des ses coopinants ; c'est la conclusion, qu'on jugera peut-être subtile, mais que je crois vraie, non pas seulement de cette discussion trop longue, mais de tout ce livre, consacré à la défense de l'individualisme. Le penseur doit se dire, non sans mélancolie, que sur lui pèse toujours la vieille malédiction biblique : *Væ soli* ! La solitude est la peine par laquelle il expie la faute de penser. Mais que sa peine lui soit douce et que sa faute lui soit chère ! Qu'il s'écrie avec Musset : « O trois fois chère solitude ! » Sa pensée peut lui être une compagne suffisante, et si jamais il la reniait, quelle « bonne compagnie », quelle société étroite, mais choisie, il quitterait, et pour quelle cohue, quels compagnons indignes ! Qu'il se contente donc d'être de la société des honnêtes gens, qui pensent pour eux-mêmes et qui s'ignorent les uns les autres, ne forment point une Église ni même une chapelle !

TABLE DES MATIÈRES

PREMIÈRE PARTIE

L'AVÈNEMENT A LA VIE PERSONNELLE
PENSEURS LIBRES ET INDÉPENDANTS

DEUXIÈME PARTIE

L'AVÈNEMENT A LA LIBRE PENSÉE

CHARTRES. — IMPRIMERIE DURAND, RUE FULBERT.

EXTRAIT DU CATALOGUE

PHILOSOPHIE — HISTOIRE — SCIENCES — MÉDECINE
ÉCONOMIE POLITIQUE — STATISTIQUE — FINANCES

TABLE DES MATIÈRES

PARIS

108, BOULEVARD SAINT-GERMAIN, 108 (6e)

—

JANVIER 1914

BIBLIOTHÈQUE
DE PHILOSOPHIE CONTEMPORAINE

VOLUMES IN-16. — Brochés, 2 fr. 50.

Derniers volumes publiés :

Bauer (A.). La conscience collective et la morale.

Bonet-Maury (G.). L'unité morale des religions.

Bourdeau (J.). La philosophie affective.

Estève (L.). Une nouvelle psychologie d'impérialisme : Ernest Seillière.

Finnbogason (G.). L'intelligence sympathique.

Hachet-Souplet (P.). De l'animal à l'enfant.

Halbwachs (M.). La théorie de l'homme moyen.

Höffding (H.). Jean-Jacques Rousseau et sa philosophie.

Joussain (A.). Esquisse d'une philosophie de la nature.

Le Roy (E.). Une philosophie nouvelle : H. Bergson. 3e éd.

Martin (E.). Psychologie de la volonté.

Palante (G.). Pessimisme et individualisme.

Paulhan (Fr.). L'esthétique du paysage.

Ribot (Th.). La vie inconsciente et les mouvements.

Schopenhauer. Sur les apparitions, et opuscules divers.

Segond (J.). L'intuition bergsonienne.

Seillière (E.). Mysticisme et domination. Essai de critique impérialiste.

Wilbois (G.). Les nouvelles méthodes d'éducation : l'éducation de la volonté et du cœur.

Alaux. La philosophie de Victor Cousin.

Allier (R.). Philosophie d'Ernest Renan. 3e éd.

Arréat (L.). La morale dans le drame. 3e édit. — Mémoire et imagination. 2e édit. — Les croyances de demain. — Dix ans de philosophie (1890-1900). — Le sentiment religieux en France. — Art et psychologie individuelle.

Aslan (G.). Expérience et invention en morale.

Avebury (J. Lubbock). Paix et bonheur.

Baldwin (J. M.). Le Darwinisme dans les sciences morales.

Ballet (G.). Langage intérieur et aphasie. 4e éd.

Bayet (A.). La morale scientifique. 2e édit.

Beaussire. Les antécédents de l'hégélianisme.

Bergson. Le rire. 12e édit.

Binet. Psychologie du raisonnement. 5e éd.

Blondel (Hervé). Les approximations de la vérité.

Bohn (G.). La nouvelle psychologie animale.

Bos (C.). Psychologie de la croyance. 2e éd. — Pessimisme, féminisme, moralisme.

Boucher (M.). Essai sur l'hyperespace. 2e éd.

Bouglé (C.). Les sciences sociales en Allemagne. — Qu'est-ce que la sociologie ? 2e éd.

Bourdeau (J.). Les maîtres de la pensée. 6e éd. — Socialistes et sociologues. 2e édit. — Pragmatisme et modernisme.

Boutroux (E.). De la contingence des lois de la nature. 7e éd.

Brunschvicg. Introduction à la vie de l'esprit. 3e éd. — L'idéalisme contemporain.

Coignet (C.). Le protestantisme français au XIXe siècle.

Compayré (G.). L'adolescence. 2e édit.

Coste. Dieu et l'âme. 2ᵉ édit.

Cramaussel (Em.). Le premier éveil intellectuel de l'enfant. 2ᵉ édit.

Cresson (A.). Les bases de la philosophie naturaliste. — Le malaise de la pensée philosophique. — La morale de Kant. 2ᵉ éd.

Danville (G.). Psychologie de l'amour. 6ᵉ édit.

Dauriac (L.). La psychologie dans l'opéra français.

Delvolvé (J.). L'organisation de la conscience morale. — Rationalisme et tradition. 2ᵉ édit.

Dromard (G.). Les mensonges de la vie intérieure.

Dugas (L.). Psittacisme et pensée symbolique. — La timidité. 6ᵉ édit. — Psychologie du rire. 2ᵉ édit. — L'absolu.

Dugas et Moutier. La dépersonnalisation.

Duguit (L.). Le droit social, le droit individuel et la transformation de l'Etat. 2ᵉ éd.

Dumas (G.). Le sourire.

Dunan. Théorie psychologique de l'espace. — Les deux idéalismes.

Duprat. Les causes sociales de la folie. — Le mensonge. 2ᵉ édit.

Durkheim (E.). Les règles de la méthode sociologique. 6ᵉ éd.

Eichthal (E. d'). Correspondance de S. Mill et G. d'Eichthal. — Pages sociales.

Emerson. Essais choisis.

Encausse (Papus). Occultisme et spiritualisme. 3ᵉ éd.

Espinas (A.). La philosophie expérimentale en Italie.

Eucken (R.). Le sens et la valeur de la vie.

Faivre (E.). De la variabilité des espèces.

Féré (Ch.). Sensation et mouvement. 2ᵉ édit. — Dégénérescence et criminalité. 4ᵉ éd.

Ferri (E.). Les criminels dans l'art. 4ᵉ éd.

Fierens-Gevaert. Essai sur l'art contemporain. 2ᵉ éd. — La tristesse contemporaine. 5ᵉ éd. — Psychologie d'une ville. Bruges. 3ᵉ éd. — Nouveaux essais sur l'art contemporain.

Fleury (M. de). L'âme du criminel. 3ᵉ éd.

Fonsegrive. La causalité efficiente.

Fouillée (A.). La propriété sociale et la démocratie. 4ᵉ édit.

Fournière (E.). Essai sur l'individualisme. 2ᵉ édit.

Geley (G.). L'être subconscient. 3ᵉ édit.

Girod (J.). Démocratie, patrie et humanité.

Goblot (E.). Justice et liberté. 2ᵉ édit.

Godfernaux (A.). Le sentiment et la pensée. 2ᵉ édit.

Grasset (J.). Les limites de la biologie. 6ᵉ édit.

Greef (G. de). Les lois sociologiques. 4ᵉ édit.

Guyau. La genèse de l'idée de temps. 2ᵉ éd.

Hartmann (E. de). La religion de l'avenir. 7ᵉ édition. — Le darwinisme. 9ᵉ édition.

Herckenrath (C. R. C.). Problèmes d'esthétique et de morale.

Jaëll (Marie). L'intelligence et le rythme dans les mouvements artistiques.

James (W.). La théorie de l'émotion. 4ᵉ édit.

Janet (Paul). La philosophie de Lamennais.

Jankelevitch. Nature et société.

Joussain (A.). Le fondement psychologique de la morale.

Kostyleff (N.). La crise de la psychologie expérimentale.

Lachelier (J.). Du fondement de l'induction. 6ᵉ éd. — Etudes sur le syllogisme.

Laby (J.-M.). La morale de Jésus.

Laisant (C.). L'éducation fondée sur la science. 3ᵉ éd.

Lampérière (Mᵐᵉ). Le rôle social de la femme.

Landry (A.). La responsabilité pénale.

Lange. Les émotions. 4ᵉ édit.

Lapie. La justice par l'Etat.

Laugel. L'optique et les arts.

Le Bon (Gustave). Lois psychologiques de l'évolution des peuples. 11ᵉ éd. — Psychologie des foules. 18ᵉ éd.

Le Dantec (F.). Le déterminisme biologique. 3ᵉ éd. — L'individualité et l'erreur individualiste. 3ᵉ édit. — Lamarckiens et darwiniens. 4ᵉ éd. — Le chaos et l'harmonie universelle.

Lefèvre (G.). Obligation morale et idéalisme.

Liard. Les logiciens anglais contemporains. 5ᵉ éd. — Les définitions géométriques. 3ᵉ édit.

Lichtenberger (E.). Le Faust de Gœthe.

Lichtenberger (H.). La philosophie de Nietzsche. 13ᵉ éd. — Aphorismes de Nietzsche. 5ᵉ éd.

Lodge (O.). La vie et la matière. 2ᵉ édit.

Lubbock (J.) (Lord Avebury). Le bonheur de vivre. 2 vol. 12ᵉ éd. — L'emploi de la vie. 8ᵉ édit.

Lyon (G.). La philosophie de Hobbes.

Marguery (E.). L'œuvre d'art et l'évolution. 2ᵉ édit.

Mauxion. L'éducation par l'instruction. 2ᵉ éd. — Nature et éléments de la moralité.

Mendousse (P.). Du dressage à l'éducation.

Milhaud (G.). Le rationnel. — Les conditions et les limites de la certitude logique. 3ᵉ édit.

Mosso. La peur. 4ᵉ éd. — La fatigue intellectuelle et physique. 6ᵉ éd.

Murisier (E.). Les maladies du sentiment religieux. 3ᵉ éd.

Nordau (Max). Paradoxes psychologiques. 7ᵉ éd. — Paradoxes sociologiques. 6ᵉ édit. — Psychophysiologie du génie. 5ᵉ éd.

Novicow. L'avenir de la race blanche. 4ᵉ édit.

Ossip-Lourié. Pensées de Tolstoï. 3ᵉ édit. — Philosophie de Tolstoï. 2ᵉ édit. — La philosophie sociale dans le théâtre d'Ibsen. 2ᵉ édit. — Nouvelles pensées de Tolstoï. — Le bonheur et l'intelligence. — Croyance religieuse et croyance intellectuelle.

Ostwald (W.). Esquisse d'une philosophie des sciences.

Palante (G.). Précis de sociologie. 5ᵉ édit. — La sensibilité individualiste.

Parisot et Martin. Les postulats de la pédagogie.

Parodi (D.). Le problème moral et la pensée contemporaine.

Paterson (W. R. Swift). L'éternel conflit.

Paulhan. Les phénomènes affectifs. 3ᵉ édit. — Psychologie de l'invention. 2ᵉ édit. — Analystes et esprits synthétiques. — La fonction de la mémoire. — La morale de l'ironie. 2ᵉ éd. — La logique de la contradiction.

Péladan. La philosophie de Léonard de Vinci.

Philippe (J.). L'image mentale.

Philippe (J.) et Paul-Boncour (G.). Les anomalies mentales chez les écoliers. 3ᵉ édit. — L'éducation des anormaux.

Pillon (F.). La philosophie de Charles Secrétan.

Ploger. Le monde physique.

Proal (L.). L'éducation et le suicide des enfants.

Quéyrat. L'imagination chez l'enfant. 4ᵉ édit. — L'abstraction. 2ᵉ édit. — Les caractères et l'éducation morale. 4ᵉ éd. — La logique chez l'enfant. 4ᵉ éd. — Les jeux des enfants. 3ᵉ édit. — La curiosité.

Rageot (G.). Les savants et la philosophie.

Regnaud (P.). Précis de logique évolutionniste. — Comment naissent les mythes.

Renard (G.). Le régime socialiste. 6ᵉ édit.

Réville (A.). Histoire du dogme de la divinité de Jésus-Christ. 4ᵉ éd.

Rey (A.). L'énergétique et le mécanisme.

Ribot (Th.). La philosophie de Schopenhauer. 13ᵉ éd. — Les maladies de la mémoire. 23ᵉ éd. — Les maladies de la volonté. 27ᵉ éd. — Les maladies de la personnalité. 15ᵉ édit. — La psychologie de l'attention. 12ᵉ éd. — Problèmes de psychologie affective.

Richard (G.). Socialisme et science sociale. 3ᵉ éd.

Richet (Ch.). Psychologie générale. 8ᵉ éd.

Roberty (de). L'agnosticisme. 2ᵉ édit. — La recherche de l'unité. — Psychisme social. — Fondements de l'éthique. — Constitution de l'éthique. — Frédéric Nietzsche. — Concepts de la raison et lois de l'univers.

Roehrich (E.). L'attention spontanée et volontaire.

Rogues de Fursac (J.). Un mouvement mystique contemporain. — L'avarice.

Roisel. De la substance. — L'idée spiritualiste. 2ᵉ édit.

Roussel-Despierres. L'idéal esthétique.

Rzewuski. L'optimisme de Schopenhauer.

Schopenhauer. Le libre arbitre, 12e édition. — Le fondement de la morale, 11e éd. — Pensées et fragments, 26e édition. — Ecrivains et style, 2e édit. — Sur la religion, 2e édit. — Philosophie et philosophes. — Ethique, droit et politique. — Métaphysique et esthétique. — Philosophie et science de la nature. — Fragments sur l'histoire de la philosophie. — Essai sur les apparitions, et opuscules divers.

Segond (J.). Cournot.

Seillière. Introduction à la philosophie de l'impérialisme.

Simiand (F.). Méthode positive en science économique.

Sollier (P.). Les phénomènes d'autoscopie. — Morale et moralité.

Souriau (P.). La rêverie esthétique.

Spencer (Herbert). Classification des sciences. 9e édit. — L'individu contre l'Etat. 8e éd. — L'association en psychologie.

Stuart Mill. Correspondance avec G. d'Eichthal. — Auguste Comte et la philosophie positive. 8e éd. — L'utilitarisme. 7e édition.

Sully Prudhomme. Psychologie du libre arbitre. 2e éd.

Sully Prudhomme et Richet (Ch.). Le problème des causes finales. 4e éd.

Tanon. L'évolution du droit et la conscience sociale. 3e éd.

Tarde. La criminalité comparée. 7e éd. — Les transformations du droit. 7e éd. — Les lois sociales, 7e édit.

Taussat (J.). Le monisme et l'animisme.

Thamin. Éducation et positivisme. 3e éd.

Thomas (P.-F.). La suggestion, son rôle. 5e édit. — Morale et éducation. 3e éd.

Winter (M.). La méthode dans la philosophie des mathématiques.

Wundt. Hypnotisme et suggestion. 1e édit.

Ziegler (Th.). La question sociale. 4e éd.

VOLUMES IN-8. — Brochés, à 3 fr. 75, 5 fr. 7 fr. 50, 10 fr. et 12 fr. 50.

Derniers volumes publiés :

Année sociologique (L'). Tome XII (1909-1912). 15 fr.

Bechterew (W.). La psychologie objective, 7 fr. 50.

Berthelot (R.). Un romantisme utilitaire. 2 v. à 7.50.

Brochard (V.). Études de philosophie ancienne et moderne, 10 fr.

Brunschvicg (L.). Les étapes de la philosophie mathématique, 10 fr.

Cartault (A.). Les sentiments généreux, 5 fr.

Cellérier et Dugas. L'année pédagogique, 1e année, 7 fr. 50; 2e année, 7 fr. 50.

Dupréel (E.). Le rapport social. 5 fr.

Durkheim (E.). Les formes élémentaires de la vie religieuse, 10 fr.

Fouillée (A.). Esquisse d'une interprétation du monde. 3 fr. 75.

Gilson (Et.). La liberté chez Descartes et la théologie, 7 fr. 50.

Guyau (A.). La philosophie et la sociologie d'A. Fouillée, 3 fr. 75.

Halbwachs (M.). La classe ouvrière et les niveaux de vie, 7 fr. 50.

James (W.). L'idée de vérité, 5 fr.

Le Dantec (F.). Contre la métaphysique, 3 fr. 75.

Leuba (J. H.). La psychologie des phénomènes religieux, 7 fr. 50.

Lodge (O.). La survivance humaine. 5 fr.

Luquet (G. H.). Les dessins d'un enfant, 7 fr. 50.

Mamelet (A.). Le relativisme philosophique chez Georg Simmel, 3 fr. 75.

Marceron (A.). La morale par l'Etat, 5 fr.

Ossip-Lourié. Le langage et la verbomanie, 5 fr.

Palante. Les antinomies entre l'individu et la société, 5 fr.

Paulhan (Fr.). Esprits logiques et esprits faux. 2ᵉ éd. 7 fr. 50. — L'activité mentale. 2ᵉ éd., 10 fr.

Philosophie allemande. — La philosophie allemande au xixᵉ siècle, 5 fr.

Pillon (F.). L'année philosophique, 23ᵉ année, 1912, 5 fr.

Rignano (E.). Essais de synthèse scientifique, 5 fr.

Roussel-Despierres (F.). Hiérarchie des principes et des problèmes sociaux, 5 fr.

Simmel (G.). Mélanges de philosophie relativiste, 5 fr.

Tardieu (E.). L'ennui, 2ᵉ éd., revue.

Terraillon (E.). L'honneur, 5 fr.

Wilbois (J.). Devoir et durée, 7 fr. 50.

Adam (Ch.). La philosophie en France (première moitié du xixᵉ siècle), 7 fr. 50.

Arréat. Psychologie du peintre, 5 fr.

Aubry (Dʳ L.). La contagion du meurtre, 5 fr.

Bain (Al.). La logique inductive et déductive. 5ᵉ édit. 2 vol., 20 fr.

Baldwin (J. M.). Le développement mental chez l'enfant et dans la race, 7 fr. 50.

Bardoux (J.). Psychologie de l'Angleterre contemporaine (*les crises belliqueuses*), 7 fr. 50. — Psychologie de l'Angleterre contemporaine (*les crises politiques*), 5 fr.

Barthélemy Saint-Hilaire. La philosophie dans ses rapports avec les sciences et la religion, 5 fr.

Barzelotti. La philosophie de H. Taine, 7 fr. 50

Basch (V.). La poétique de Schiller 2ᵉ éd., 7 fr. 50.

Bayet (A.). L'idée de bien, 3 fr. 75.

Bazaillas. Musique et inconscience, 5 fr. — La vie personnelle, 5 fr.

Belot (G.). Études de morale positive, 7 fr. 50.

Bergson (H.). Essai sur les données immédiates de la conscience. 12ᵉ édit., 3 fr. 75. — Matière et mémoire. 9ᵉ édit., 5 fr. — L'évolution créatrice. 15ᵉ éd., 7 fr. 50.

Berr (H.). La synthèse en histoire, 5 fr.

Berthelot (R.). Évolutionnisme et platonisme. 5 fr.

Bertrand (A.). L'enseignement intégral, 5 fr. — Les études dans la démocratie, 5 fr.

Binet (A.). Les révélations de l'écriture, 5 fr.

Bloch (G.). La philosophie de Newton, 10 fr.

Boex-Borel (J.-H.) (*J.-H. Rosny aîné.*) Le pluralisme, 5 fr.

Boirac (E.). L'idée du phénomène, 5 fr. — La psychologie inconnue. 2ᵉ éd, 5 fr.

Bouglé. Les idées égalitaires. 2ᵉ éd., 3 fr. 75. — Essais sur le régime des castes, 5 fr.

Bourdeau (L.). Le problème de la mort. 4ᵉ éd., 5 fr. — Le problème de la vie, 7 fr. 50.

Bourdon. L'expression des émotions, 7 fr. 50.

Boutroux (Em.). Études d'histoire de la philosophie, 2ᵉ éd., 7 fr. 50.

Braunschvig. Le sentiment du beau et le sentiment poétique, 7 fr. 50.

Bray (L.). Du beau, 5 fr.

Brochard. De l'erreur. 2ᵉ éd., 5 fr.

Brugeilles (R.). Le droit et la sociologie, 3 fr. 75.

Brunschvicg (L.). Spinoza. 2ᵉ édit., 3 fr. 75. — La modalité du jugement, 5 fr.

Carrau (L.). Philosophie religieuse en Angleterre, 5 fr.

Cellérier (L.). Esquisse d'une science pédagogique, 7 fr. 50.

Chabot (Ch.). Nature et moralité, 5 fr.

Chide (A.). Le mobilisme moderne, 5 fr.

Clay. L'alternative. 2ᵉ éd., 10 fr.

Collins. Résumé de la philosophie de H. Spencer. 5ᵉ éd., 10 fr.

Cosentini. La sociologie génétique, 3 fr. 75.

Coste (A.). Principes d'une sociologie objective, 3 fr. 75. — L'expérience des peuples, 10 fr.

Couturat (O.). Les principes des mathématiques, 5 fr.

Crépieux-Jamin. L'écriture et le caractère. 6° éd., 7 fr. 50.

Cresson (A.). Morale de la raison théorique. 5 fr.

Croce (B.). Philosophie de la pratique, 7 fr. 50.

Cyon (E. de). Dieu et science. 2° édit., 7 fr. 50.

Darbon (A.). L'explication mécanique et le nominalisme, 3 fr. 75.

Dauriac. Essai sur l'esprit musical, 5 fr.

David (A.). Le modernisme bouddhiste, 5 fr.

Delacroix (H.). Études d'histoire et de psychologie du mysticisme, 10 fr.

Delbos. La philosophie pratique de Kant, 12 fr. 50.

Delvaille (J.). La vie sociale et l'éducation, 3 fr. 75.

Delvolvé (J.). Religion, critique et philosophie positive chez Bayle, 7 fr. 50.

Draghicesco. L'individu dans le déterminisme social, 7 fr. 50. — Le problème de la conscience, 3 fr. 75.

Dromard (G.). Essai sur la sincérité, 5 fr.

Dubois (J.). Le problème pédagogique, 7 fr. 50.

Dugas (L.). Le problème de l'éducation. 2° éd. 5 fr. — L'éducation du caractère, 5 fr.

Dumas (G.). Saint-Simon et Auguste Comte, 5 fr.

Duprat (G.-L.). L'instabilité mentale, 5 fr.

Dupré et Nathan. Le langage musical, 3 fr. 75

Duproix. Kant et Fichte. 2° éd. 5 fr.

Durand (de Gros). Taxinomie générale, 5 fr. — Esthétique et morale, 5 fr. — Variétés philosophiques. 2° éd. 5 fr.

Durkheim (E.). De la division du travail social, 3° éd. 7 fr. 50. — Le suicide. 2° édit., 7 fr. 50. — L'année sociologique : 1re à 4° années (3° et 5° épuisées). Chacune, 10 fr. 6° à 10° (7° épuisée). Chacune, 12 fr. 50. Tome xi, 1906-1909, 15 fr.

Egger (V.). La parole intérieure. 2° éd., 5 fr.

Dwelshauvers. La synthèse mentale, 5 fr.

Ebbinghaus (H.). Précis de psychologie. 2° édit., 5 fr.

Espinas (A.). La philosophie sociale au xviii° siècle et la Révolution, 7 fr. 50.

Enriquès. Les problèmes de la science et la logique, 3 fr. 75.

Eucken (R.). Les grands courants de la pensée contemporaine, 10 fr.

Evellin (F.). La raison pure et les antinomies, 5 fr.

Ferrero (G.). Les lois psychologiques du symbolisme, 5 fr.

Ferri (Enrico). La sociologie criminelle, 10 fr.

Ferri (Louis). La psychologie de l'association, 7 fr. 50.

Finot (J.). Le préjugé des races, 3° éd. 7 fr. 50. — Philosophie de la longévité, 12° éd. 5 fr. — Préjugé et problème des sexes. 5° édit., 5 fr.

Fonsegrive. Le libre arbitre. 2° éd. 10 fr.

Foucault (M.). La psychophysique, 7 fr. 50. — Le rêve, 5 fr.

Fouillée (Alf.). La pensée et les nouvelles écoles anti-intellectualistes. 2° édit., 7 fr. 50. — Liberté et déterminisme. 8° éd., 7 fr. 50. — Critique des systèmes de morale contemporains. 7° éd., 7 fr. 50. — La morale, l'art et la religion, d'après Guyau. 8° éd., 3 fr. 75. — L'avenir de la métaphysique. 2° éd., 5 fr. — Évolutionnisme des idées-forces. 5° éd., 7 f. 50. — La psychologie des idées-forces. 2° édit. 2 vol., 15 fr. — Tempérament et caractère. 3° éd., 7 fr. 50. — Le mouvement idéaliste. 3° éd., 7 fr. 50. — Le mouvement positiviste. 2° éd., 7 fr. 50. — Psychologie du peuple français. 3° éd., 7 fr. 50. — La France au point de vue moral. 5° éd., 7 fr. 50. — Esquisse psychologique des peuples européens. 4° édit., 10 fr. — Nietzsche et l'immoralisme. 2° éd., 5 fr. — Le moralisme de Kant et l'amoralisme contemporain. 2° éd., 7 fr. 50. — Éléments sociologiques de la morale. 2° éd., 7 fr. 50. — La morale des idées-forces, 7 fr. 50. — Le socialisme et la sociologie réformiste, 7 fr. 50. — La démocratie politique et sociale en France, 3 fr. 75.

Fournière (E.). Théories socialistes au xix° siècle, 7 fr. 50.

Fulliquet (G.). L'obligation morale. 7 fr. 50.

Garofalo. La criminologie. 5ᵉ édit., 7 fr. 50. — La superstition socialiste, 5 fr.

Gérard-Varet (L.). L'ignorance et l'irréflexion, 5 fr.

Gley (E.). Études de psycho-physiologie, 5 fr.

Gory (G.). L'immanence de la raison dans la connaissance sensible, 5 fr.

Gourd (J. J.). Philosophie de la religion, 5 fr.

Grasset (J.). Demifous et demiresponsables. 5 fr. — Introduction physiologique à l'étude de la philosophie. 2ᵉ éd., 5 fr.

Greef (G. de). Le transformisme social. 2ᵉ éd., 7 fr. 50. — La sociologie économique, 3 fr. 75.

Groos (K.). Les jeux des animaux, 7 fr. 50.

Gurney, Myers et Podmore. Les hallucinations télépathiques. 5ᵉ éd., 7 fr. 50.

Guyau. La morale anglaise contemporaine. 6ᵉ éd., 7 fr. 30. — Les problèmes de l'esthétique contemporaine. 8ᵉ éd., 5 fr. — Esquisse d'une morale sans obligation ni sanction. 9ᵉ éd., 5 fr. — L'irréligion de l'avenir. 16ᵉ éd., 7 fr. 50. — L'art au point de vue sociologique. 9ᵉ éd., 7 fr. 50. — Éducation et hérédité. 12ᵉ éd., 5 fr.

Halévy (E.) La formation du radicalisme philosophique. I. *La jeunesse de Bentham.* 7 fr. 50. II. *Évolution de la doctrine utilitaire*, 1789-1815. 7 fr. 50. III. *Le radicalisme philosophique.* 7 fr. 50

Hamelin (O.). Le système de Descartes, 7 fr. 50.

Hannequin. L'hypothèse des atomes. 2ᵉ éd., 7 fr. 50. — Études d'histoire des sciences et d'histoire de la philosophie. 2 vol., 15 fr.

Hartenberg (P.). Les timides et la timidité. 3ᵉ éd., 5 fr. — Physionomie et caractère. 2ᵉ éd. 5 fr.

Hébert. Évolution de la foi catholique. 5 fr. — Le divin, 5 fr.

Hémon (O.). Philosophie de Sully Prudhomme, 7 fr. 50.

Hermant et Van de Waele. Les principales théories de la logique contemporaine, 5 fr.

Hirth (G.). Physiologie de l'art, 5 fr.

Höffding (H.). La pensée humaine, 7 fr. 50. — Esquisse d'une psychologie fondée sur l'expérience.

4ᵉ édit., 7 fr. 50. — Histoire de la philosophie moderne. 2ᵉ édition, 2 vol., 20 fr. — Philosophie de la religion, 7 fr. 50. — Philosophes contemporains. 2ᵉ édit., 3 fr. 75.

Hubert et Mauss. Mélanges d'histoire des religions, 5 fr.

Ioteyko et Stefanowska. Psycho-physiologie de la douleur, 5 fr.

Isambert. Les idées socialistes en France (1815-1848), 7 fr. 50.

Izoulet. La cité moderne. 7ᵉ édit., 10 fr.

Jacoby. La sélection chez l'homme. 2ᵉ éd., 10 fr.

Janet (Paul). Œuvres philosophiques de Leibniz. 2ᵉ édition, 2 volumes, 20 fr. — Histoire de la science politique dans ses rapports avec la morale. 4ᵉ éd. 2 vol., 20 fr.

Janet (Pierre). L'automatisme psychologique. 7ᵉ éd., 7 fr. 50.

Jastrow (J.). La subconscience, 7 fr. 50.

Jaurès (J.). Réalité du monde sensible. 2ᵉ édit, 7 fr. 50.

Jeudon (L.). La morale de l'honneur, 5 fr.

Karppe. Études d'histoire de la philosophie, 3 fr. 75.

Keim (A.). Helvétius, 10 fr.

Lacombe (A.). Individus et sociétés selon Taine, 7 fr. 50.

La Grasserie (R. de). De la psychologie des religions, 5 fr.

Lalande (A.). La dissolution opposée à l'évolution, 7 fr. 50.

Lalo (Ch.). Esthétique musicale scientifique, 5 fr. — L'esthétique expérimentale contemporaine, 3 f. 75 — Les sentiments esthétiques, 5 fr.

Landry (A.). Principes de morale rationnelle, 5 fr.

Lanessan (J.-L. de). La morale naturelle, 10 fr. — La morale des religions, 10 fr.

Lapie (P.). Logique de la volonté, 7 fr. 50.

Lauvrière. Edgar Poë. 10 fr.

Laveleye (E. de). De la propriété et de ses formes primitives. 5ᵉ édit., 10 fr.

Leblond (M.-A.) L'idéal du XIXᵉ siècle. 5 fr.

Le Bon (Gustave). Psychologie du socialisme. 7ᵉ éd., 7 fr. 50.

Lechalas (G.). Études esthétiques. 5 fr. — Étude sur l'espace et le temps. 2ᵉ édition, 5 fr.

Lechartier. David Hume, moraliste et sociologue, 5 fr.

Leclère. Le droit d'affirmer, 5 fr.

Le Dantec (F.). L'unité dans l'être vivant, 7 fr. 50. — Limites du connaissable. 3e édit., 3 fr. 75.

Léon (Xavier). La philosophie de Fichte, 10 fr.

Léroy (E.-B.). Le langage, 5 fr.

Lévy (A.). La philosophie de Feuerbach, 10 fr.

Lévy-Brühl (L.). La philosophie de Jacobi, 5 fr. — Lettres de Stuart Mill à Comte. 10 fr. — La philosophie d'Aug. Comte. 3e éd., 7 fr. 50. — La morale et la science des mœurs. 5e éd., 5 fr. — Les fonctions mentales dans les sociétés intérieures. 2e éd., 7 fr. 50.

Liard. Science positive et métaphysique. 4e édit., 7 fr. 50. — Descartes. 3e édit., 5 fr.

Lichtenberger (H.). Richard Wagner, poète et penseur. 5e édit., 10 fr. — Henri Heine penseur, 3 fr. 75.

Lombroso. La femme criminelle et la prostituée (avec pl.), 15 fr. — Le crime politique et les révolutions. 2 vol., 15 fr. — L'homme criminel. 3e édit. 2 vol., avec atlas, 36 fr. — Le crime. 2e éd., 10 fr. — L'homme de génie (avec pl). 4e éd., 10 fr.

Lubac (E.). Système de psychologie rationnelle, 3 fr. 75.

Luquet (G.). Idées générales de psychologie, 5 fr.

Lyon (G.) L'idéalisme en Angleterre au XVIIIe siècle, 7 fr. 50. — Enseignement et religion, 3 fr. 75.

Malapert (P.). Les éléments du caractère. 2e éd., 5 fr.

Marion La solidarité morale. 6e édit., 5 fr.

Martin (Fr.). La perception extérieure et la science positive, 5 fr.

Matagrin (A.). La psychologie sociale de Gabriel Tarde, 5 fr.

Maxwell (J.). Les phénomènes psychiques. 4e éd., 5 fr.

Ménard (A.). Psychologie de W. James, 7 fr. 50.

Mendousse (P.). L'âme de l'adolescent 2e édit., 5 fr.

Meyerson (E.). Identité et réalité. 2e édit., 7 fr. 50

Morton Prince. La dissociation d'une personnalité, 10 fr.

Muller (Max). Nouvelles études de mythologie, 12 fr. 50.

Myers. La personnalité humaine. 3e éd., 7 fr. 50.

Naville (E.). La définition de la philosophie, 5 fr. — Les philosophies négatives. 5 fr. — Le libre arbitre. 2e édition, 5 fr. — Les philosophies affirmatives, 7 fr. 50.

Nordau (Max). Dégénérescence. 2 vol. 7e éd., 17 fr. 50. — Les mensonges conventionnels de notre civilisation. 10e éd., 5 fr. — Vus du dehors, 5 fr. — Le sens de l'histoire, 7 fr. 50.

Novicow. La morale et l'intérêt, 5 fr. — Luttes entre sociétés humaines. 2e éd., 10 fr. — Justice et expansion de la vie, 7 fr. 50. — La critique du darwinisme social, 7 fr. 50.

Oldenberg (H.). Le Bouddha. 2e éd., 7 fr. 50. — La religion du Véda, 10 fr.

Ossip-Lourié. La philosophie russe contemporaine, 5 fr. — Psychologie des romanciers russes au XIXe siècle, 7 fr. 50.

Ouvré. Formes littéraires de la pensée grecque, 10 fr.

Palante (G.). Combat pour l'individu, 3 fr. 75.

Paulhan (Fr.). Les caractères. 4e édit., 5 fr. — Les mensonges du caractère, 5 fr. — Le mensonge de l'art, 5 fr.

Payot. L'éducation de la volonté. 36e éd., 5 fr. — La croyance. 3e éd., 5 fr.

Pérès (J.). L'art et le réel, 3 fr. 75.

Perez (Bernard). Les trois premières années de l'enfant. 7e éd., 5 fr. — L'enfant de 3 à 7 ans. 4e éd., 5 fr. — L'éducation morale dès le berceau. 4e éd. 5 fr. — L'éducation intellectuelle dès le berceau. 2e éd., 5 fr.

Piat (C.). La personne humaine. 2e éd., 7 fr. 50. — Destinée de l'homme. 2e édit., 5 fr. — La morale du bonheur, 5 fr.

Picavet. Les idéologues, 10 fr.

Piderit. La mimique et la physiognomonie, 5 fr.

Pillon. L'année philosophique, 22 vol. (4e et 5e épuisées), chacune, 5 fr.

Ploger (J.). La vie et la pensée, 5 fr. — La vie sociale, la morale et le progrès, 5 fr.

Prat (L.) Le caractère empirique et la personne, 7 fr. 50.

Preyer. Éléments de physiologie, 5 fr.

Proal (L.). Le crime et la peine. 4ᵉ éd., 10 fr. — La criminalité politique. 2ᵉ éd., 5 fr. — Le crime et le suicide passionnels, 10 fr.

Rageot (G.). Le succès, 3 fr. 75.

Rauh (F.). Études de morale, 10 fr. — De la méthode dans la psychologie des sentiments. 2ᵉ éd., 5 fr. — L'expérience morale, 3 fr. 75.

Récéjac. La connaissance mystique. 5 fr.

Rémond et Voivenel. Le génie littéraire, 5 fr.

Renard (G.). La méthode scientifique de l'histoire littéraire, 10 fr.

Renouvier. Les dilemnes de la métaphysique pure, 5 fr. — Histoire et solution des problèmes métaphysiques, 7 fr. 50. — Le personnalisme, 10 fr. — Critique de la doctrine de Kant, 7 fr. 50. — Science de la morale. Nouv. édit. 2 vol., 15 fr.

Revault d'Allonnes (G.). Psychologie d'une religion, 5 fr. — Les inclinations, 3 fr. 75.

Rey (A.). La théorie de la physique chez les physiciens contemporains. 7 fr. 50.

Ribéry. Classification des caractères. 3 fr. 75.

Ribot (Th.). L'hérédité psychologique. 9ᵉ éd., 7 fr. 50. — La psychologie anglaise contemporaine. 3ᵉ éd., 7 fr. 50. — La psychologie allemande contemporaine. 7ᵉ éd., 7 fr. 50. — La psychologie des sentiments. 8ᵉ éd., 7 fr. 50. — L'évolution des idées générales. 3ᵉ éd., 5 fr. — L'imagination créatrice. 3ᵉ éd., 5 fr. — Logique des sentiments. 4ᵉ éd., 3 fr. 75. — Essai sur les passions. 3ᵉ éd., 3 fr. 75.

Ricardou. De l'idéal, 5 fr.

Richard (G.). L'idée d'évolution dans la nature et dans l'histoire, 7 fr. 50.

Riemann (H.). Éléments de l'esthétique musicale, 5 fr.

Rignano (E.). Transmissibilité des caractères acquis, 5 fr.

Rivaud (A.). Les notions d'essence et d'existence chez Spinoza, 3 fr. 75.

Roberty (E. de). Ancienne et nouvelle philosophie, 7 fr. 50. — La philosophie du siècle, 5 fr. — Nouveau programme de sociologie, 5 fr. — Sociologie de l'action, 3 fr. 75.

Rodrigues (G.). Le problème de l'action, 3 fr. 75.

Roehrich (Ed.). Philosophie de l'éducation, 5 fr.

Romanes. L'évolution mentale chez l'homme. 7 fr. 50.

Roussel - Despierres (F.). Liberté et beauté, 7 fr. 50.

Russell. La philosophie de Leibniz, 3 fr. 75.

Ruyssen. Évolution psychologique du jugement, 5 fr.

Sabatier (A.). Philosophie de l'effort. 2ᵉ éd. 7 fr. 50.

Saigey (Émile). La physique de Voltaire, 5 fr.

Saint-Paul (G.). Le langage intérieur, 5 fr.

Sanz y Escartin (E.). L'individu et la réforme sociale, 7 fr. 50.

Schiller (F.). Études sur l'humanisme, 10 fr.

Schinz (A.). Anti-pragmatisme, 5 fr.

Schopenhauer. Aphorismes sur la sagesse dans a vie. 9ᵉ éd., 5 fr. — Le monde comme volonté et représentation. 6ᵉ éd. 3 vol., chacun, 7 fr. 50.

Séailles. Essai sur le génie dans l'art. 4ᵉ éd.. 5 fr. — Philosophie de Renouvier, 7 fr. 50.

Segond (J.). La prière, 7 fr. 50.

Sighele. La foule criminelle. 2ᵉ édit., 5 fr.

Sollier. Psychologie de l'idiot et de l'imbécile. 2ᵉ éd., 5 fr. — Le problème de la mémoire, 3 fr. 75. — Le mécanisme des émotions, 5 fr. — Le doute, 7 fr. 50.

Souriau. L'esthétique du mouvement, 5 fr. — La beauté rationnelle, 10 fr. — La suggestion dans l'art. 2ᵉ édit, 5 fr.

Spencer (H.). Les premiers principes. 11ᵉ éd., 10 fr. — Principes de psychologie. 2 vol. 20 fr. — Principes de biologie. 6ᵉ éd. 2 vol. 20 fr. — Principes de sociologie. 5 vol., 43 fr. 75.

  I. *Données de la sociologie, 10 fr. —* II. *Inductions de la sociologie. Relations domestiques, 7 fr. 50.* — III. *Institutions cérémonielles et politiques, 15 fr.* — IV. *Institutions ecclésiastiques, 3 fr. 75.* — V. *Institutions professionnelles, 7 fr. 50.*

— Justice 3ᵉ éd., 7 fr. 50. — Rôle moral de la bienfaisance, 7 fr. 50. — Morale des différents peuples, 7.50. — Problème de morale et de sociologie. 2ᵉ éd., 7 fr. 50. — Essais sur le progrès. 5ᵉ éd., 7 fr. 50. — Essais de politique. 4° éd. 7 fr. 50. — Essais scientifiques. 4° éd., 7 fr. 50. — De l'éducation. 13° édit., 5 fr. — Une autobiographie, 10 fr.

Stapfer (P.) Questions esthétiques et religieuses, 3 fr. 75.

Stein. La question sociale au point de vue philosophique, 10 fr.

Stuart Mill. Mes mémoires. 5° éd., 5 fr. — Système de logique. 2 vol., 20 fr. — Essais sur la religion. 4° édit., 5 fr. — Lettres à Auguste Comte.

Sully (J.) Le pessimisme. 2° éd. 7 fr. 50. — Essai sur le rire, 7 fr. 50.

Sully Prudhomme. La vraie religion selon Pascal, 7 fr. 50. — Le lien social, 3 fr. 75.

Tarde (G.). La logique sociale. 4° édit., 7 fr. 50. — Les lois de l'imi-

tation. 6° éd. 7 fr. 50. — L'opinion et la foule. 3° édit., 5 fr.

Tassy (E.). Le travail d'idéation. 5 fr.

Thomas (P.-Félix). L'éducation des sentiments. 5° éd. 5 fr. — Pierre Leroux. Sa philosophie, 5 fr.

Tisserand (P.). L'anthropologie de Maine de Biran, 10 fr.

Udine (Jean d'). L'art et le geste, 5 fr.

Urtin (H.). L'action criminelle, 5 fr.

Vacherot (Et.). Essais de philosophie critique, 7 fr. 50. — La religion, 7 fr. 50.

Waynbaum (I.). La physionomie humaine, 5 fr.

Weber (L.). Vers le positivisme absolu par l'idéalisme, 7 fr. 50

BIBLIOTHÈQUE
D'HISTOIRE CONTEMPORAINE

Volumes in-16 et in-8.

DERNIERS VOLUMES PUBLIÉS :

LES QUESTIONS ACTUELLES ET LE PASSÉ, par *A. Fribourg.* 1 vol. in-16 . . . . 3 fr. 50

BONAPARTE A ANCONE, par *P. Bodereau.* 1 vol. in-16. . . . . 3 fr. 50

L'UNITÉ FRANÇAISE, par *E. Driault.* 1 vol. in-16. . . . . . . 3 fr. 50

LA CHINE ET LE MOUVEMENT CONSTITUTIONNEL (1910-1913), par *J. Rodes.* 1 vol. in-16 . . . . 3 fr. 50

L'AFRIQUE DU NORD, par *A. Bernard, J. Ladreit de Lacharrière, C. Guy, A. Tardieu, R. Pinon, C. Jonnart, Général Lyautey, E. Roume, J. Ch.-Roux, S. Pichon.* 1 vol. in-16, avec cartes . . . . . . 3 fr. 50

ÉTUDES ET LEÇONS SUR LA RÉVOLUTION FRANÇAISE, 7° série, par *A. Aulard.* 1 vol. in-16. . . . . 3 fr. 50

L'ALLEMAGNE ET LA FRANCE EN EUROPE, par *P. Albin.* 1 vol. in-8. 7 fr.

LA CRISE POLITIQUE DE L'ALLEMAGNE CONTEMPORAINE, par *W. Martin.* 1 vol. in-16. . . . . 3 fr. 50

L'ALSACE-LORRAINE OBSTACLE A L'EXPANSION ALLEMANDE, par *J. Novicow.* 1 vol. in-16 . . . . 3 fr. 50

LE MAROC, par *A. Bernard,* 2° éd., revue. 1 vol. in-8, avec cartes. 5 fr.

L'ITALIE ÉCONOMIQUE ET SOCIALE (1861-1912), par *E. Lémonon.* 1 vol. in-8. . . . . 7 fr.

L'ŒUVRE LÉGISLATIVE DE LA RÉVOLUTION, par *L. Cahen* et *R. Guyot.* 1 vol. in-8 . . . . 7 fr.

NOS HOMMES D'ÉTAT ET L'ŒUVRE DE RÉFORME, par *F. Maury.* 1 vol. in-16 . . . . 3 fr. 50

LE « COUP » D'AGADIR, par *P. Albin.* 1 vol. in-16 . . . . . . 3 fr. 50

HISTOIRE DE LA RÉVOLUTION FRANÇAISE, par *Th. Carlyle.* Nouvelle édition. 3 vol. in-18 . . . . 10 fr. 50

LA FRANCE SOUS LA MONARCHIE CONSTITUTIONNELLE (1814-1848), par *G. Weill.* Nouvelle édition. 1 vol. in-16 . . . . 3 fr. 50

BISMARCK (1815-1898), par *H. Welschinger.* 2° éd. in-8 av. portrait. 5 fr.

LES GRANDS PROBLÈMES DE LA POLITIQUE INTÉRIEURE RUSSE, par *R. Marchand*. 1 vol. in-16 . . . . 3 fr. 50

LE PORTUGAL ET SES COLONIES, par *A. Marvaud*. 1 vol. in-8 . . . 5 fr.

AUSTERLITZ. LA FIN DU SAINT-EMPIRE (1804-1806). (*Napoléon et l'Europe*, II), par *E. Driault*. 1 vol. in-8 . . . . 7 fr.

LA VIE POLITIQUE DANS LES DEUX MONDES, publ. sous la dir. de *A. Viallate* et *M. Caudel*, avec la collab. de professeurs et d'anciens élèves de l'École des Sciences Politiques. 6e année, 1911-1912. 1 fort. vol. in-8. 10 fr.

Précédemment publiés :

EUROPE

LES QUESTIONS ACTUELLES DE POLITIQUE ÉTRANGÈRE EN EUROPE, par *F. Charmes, A. Leroy-Beaulieu, R. Millet, A. Ribot, A. Vandal, R. de Caix, R. Henry, G. Louis-Jaray, R. Pinon, A. Tardieu*. Nouvelle édition, refondue et mise à jour. 1 vol. in-16 avec 5 cartes hors texte. 3 fr. 50

HISTOIRE DIPLOMATIQUE DE L'EUROPE (1815-1878), par *Debidour*, 2 vol. in-8 . . . . 18 fr.

LA QUESTION D'ORIENT, par *E. Driault*. 6e édit. 1 vol. in-8. . 7 fr.

LA CONFÉRENCE D'ALGÉSIRAS. *Histoire diplomatique de la crise marocaine (janvier-avril 1906)*, par *A. Tardieu*. 3e édit. Revue et augmentée d'un appendice sur *Le Maroc après la conférence (1906-1909)*. In-8, 10 fr.

LES GRANDS TRAITÉS POLITIQUES. *Recueil des principaux textes diplomatiques depuis 1815 jusqu'à nos jours*, par *P. Albin*. Préface de *Maurice Herbette*. 1 vol. in-8 . . . . 10 fr.

L'EUROPE ET LA POLITIQUE BRITANNIQUE (1882-1911), par *E. Lémonon*. Préface de M. *Paul Deschanel*. 2e édit. 1 vol. in-8 . . . . . . 10 fr.

LA POLITIQUE DE PIE X, par *Maurice Pernot*. 1 vol. in-16 . . . . 3 fr. 50

FRANCE ET COLONIES

LE DIRECTOIRE ET LA PAIX DE L'EUROPE, DES TRAITÉS DE BALE A LA DEUXIÈME COALITION (1795-1799), par *R. Guyot*. 1 vol. in-8. . . 15 fr.

LA POLITIQUE DOUANIÈRE DE LA FRANCE, par *Ch. Augier* et *A. Marvaud*. 1 vol. in-8 . . . . 7 fr. 50

LA RÉVOLUTION FRANÇAISE, par *H. Carnot*. 1 vol. in-16. Nouv. éd. 3 fr. 50

LA THÉOPHILANTHROPIE ET LE CULTE DÉCADAIRE (1796-1801), par *A. Mathiez*. 1 vol. in-8 . . . . 12 fr.

CONTRIBUTIONS A L'HISTOIRE RELIGIEUSE DE LA RÉVOLUTION FRANÇAISE, par *le même*. 1 vol. in-16 . . . . 3 fr. 50

MÉMOIRES D'UN MINISTRE DU TRÉSOR PUBLIC (1789-1815), par le comte *Mollien*. Publié par *M. Gomel*. 3 vol. in-8 . . . . 15 fr.

CONDORCET ET LA RÉVOLUTION FRANÇAISE, par *L. Cahen*. 1 vol. in-8. 10 fr.

CAMBON ET LA RÉVOLUTION FRANÇAISE, par *F. Bornarel*. 1 vol. in-8. 7 fr.

LE CULTE DE LA RAISON ET LE CULTE DE L'ÊTRE SUPRÊME (1793-1794). *Étude historique*, par *A. Aulard*. 2e éd. 1 vol. in-16 . . . . 3 fr. 50

ÉTUDES ET LEÇONS SUR LA RÉVOLUTION FRANÇAISE, par *A. Aulard*. 6 vol. in-16. Chacun . . . . 3 fr. 50

HOMMES ET CHOSES DE LA RÉVOLUTION, par *E. Spuller*. In-16. 3 fr. 50

LES CAMPAGNES DES ARMÉES FRANÇAISES (1792-1815), par *C. Vallaux*. 1 vol. in-16, avec 17 cartes. . . . . 3 fr. 50

LA POLITIQUE ORIENTALE DE NAPOLÉON (1806-1808), par *E. Driault*. In-8. 7 fr.

NAPOLÉON ET LA POLOGNE (1806-1807), par *Handelsman*. 1 vol. in-8. 5 fr.

DE WATERLOO A SAINTE-HÉLÈNE, par *J. Silvestre*. 1 vol. in-16. 3 fr. 50

LE CONVENTIONNEL GOUJON, par *L. Thénard* et *R. Guyot*. 1 vol. in-8. 5 fr.

HISTOIRE DU SECOND EMPIRE (1848-1870), par *T. Delord*. 6 vol. in-8. 42 fr.

HISTOIRE DE DIX ANS (1830-1840), par *Louis Blanc*. 5 vol. in-8. Chacun. 5 fr.

ASSOCIATIONS ET SOCIÉTÉS SECRÈTES SOUS LA DEUXIÈME RÉPUBLIQUE (1848-1851), par *J. Tchernoff*. 1 vol. in-8 . . . . 7 fr.

HISTOIRE DU PARTI RÉPUBLICAIN (1814-1870), par *G. Weill*. 1 v. in-8. 10 fr.
HISTOIRE DU MOUVEMENT SOCIAL (1852-1910), par *le même*. In-8. 2ᵉ éd. 10 fr.
HISTOIRE DE LA TROISIÈME RÉPUBLIQUE, par *E. Zevort* : I. *Présidence de M. Thiers*. 3ᵉ édit. 1 vol. in-8. 7 fr. — II. *Présidence du Maréchal* (*Épuisé*) — III. *Présidence de Jules Grévy*. 2ᵉ édition. 1 vol. in-8. 7 fr. — IV. *Présidence de Sadi-Carnot*. 1 vol. in-8. . . 7 fr.
HISTOIRE DES RAPPORTS DE L'ÉGLISE ET DE L'ÉTAT EN FRANCE (1789-1870), par *A. Debidour*. 2ᵉ éd. 1 vol. in-8 (*Couronné par l'Institut*). 12 fr.
L'ÉTAT ET LES ÉGLISES EN FRANCE, par *J.-L. de Lanessan*. In-16. 3 fr. 50
LA SOCIÉTÉ FRANÇAISE SOUS LA TROISIÈME RÉPUBLIQUE, par *Marius-Ary Leblond*. 1 vol. in-8. . . . . 5 fr.
LA LIBERTÉ DE CONSCIENCE EN FRANCE (1595-1905), par *G. Bonet-Maury*. 1 vol. in-8, 2ᵉ édit. . . . . 5 fr.
LES CIVILISATIONS TUNISIENNES, par *P. Lapie*. 1 vol. in-16. . 3 fr. 50
LES COLONIES FRANÇAISES, par *P. Gaffarel*. 6ᵉ éd. 1 vol. in-8. . . 5 fr.
L'ŒUVRE DE LA FRANCE AU TONKIN, par *A. Gaisman*. 1 v. in-16. 3 fr. 50
LA FRANCE HORS DE FRANCE. *Notre émigration, sa nécessité, ses conditions*, par *J.-B. Piolet*. 1 vol. in-8. . . . . 10 fr.
L'ALGÉRIE, par *M. Wahl*. 5ᵉ éd., revue par *A. Bernard*. 1 vol. in-8. 5 fr.
AU CONGO FRANÇAIS. *La question internationale du Congo*, par *F. Challaye*. 1 vol. in-8. . . . . 5 fr.
LA FRANCE MODERNE ET LE PROBLÈME COLONIAL (1815-1830), par *Ch. Schefer*. 1 vol. in-8. . . . . 7 fr.
L'ÉGLISE CATHOLIQUE ET L'ÉTAT EN FRANCE SOUS LA TROISIÈME RÉPUBLIQUE (1870-1906), par *A. Debidour*. Tome I. 1870-1889. 1 vol. in-8. 7 fr. Tome II. 1889-1906. 1 vol. in-8. . . . . 10 fr.
L'ÉVEIL D'UN MONDE. *L'œuvre de la France en Afrique occidentale*, par *L. Hubert*. 1 vol. in-16. . . . . 3 fr. 50
RÉGIONS ET PAYS DE FRANCE, par *Fèvre et Hauser*. 1 vol. in-8 ill. 7 fr.
NOTRE EMPIRE COLONIAL, par *H. Busson, J. Fèvre et H. Hauser*. 1 vol. in-8 avec gravures et cartes. . . . . 5 fr.
NAPOLÉON ET LA CATALOGNE. *La Captivité de Barcelone (Février 1808-Janvier 1810)*. 1 vol. in-8 avec une carte hors texte. . . . 10 fr.
LA POLITIQUE EXTÉRIEURE DU PREMIER CONSUL (1800-1803). (*Napoléon et l'Europe*, I), par *E. Driault*. 1 vol. in-8. . . . . . . 7 fr.
LES OFFICIERS DE L'ARMÉE ROYALE ET LA RÉVOLUTION, par le Lieut.-Colonel *Hartmann*. 1 vol. in-8 (*Couronné par l'Institut*). . . . 10 fr.
THOURET (1746-1794). *La vie et l'œuvre d'un constituant*, par *E. Lebègue*. 1 vol. in-8. . . . . 7 fr.
ESSAI POLITIQUE SUR A. DE TOCQUEVILLE, par *R. Pierre Marcel*. In-8. 7 fr.
HISTOIRE DU CATHOLICISME LIBÉRAL EN FRANCE (1828-1908), par *G. Weill*. 1 vol. in-16. . . . . 3 fr. 50

ALLEMAGNE

L'ESPRIT PUBLIC EN ALLEMAGNE VINGT ANS APRÈS BISMARCK, par *H. Moysset*. 1 vol. in-8. . . . . 5 fr.
L'EFFORT ALLEMAND, par *L. Hubert*. 1 vol. in-16 . . . . . . 3 fr. 50
LA RESTAURATION DE L'EMPIRE ALLEMAND, par *A. de Ruville*. Traduit par P. Albin. 1 vol. in-8. . . . . 7 fr.
LE GRAND-DUCHÉ DE BERG (1806-1813), par *Ch. Schmidt*. 1 vol. in-8. 10 fr.
HISTOIRE DE LA PRUSSE, *de la mort de Frédéric II à la bataille de Sadowa*, par *E. Véron*. 6ᵉ éd. 1 vol. in-18. . . . . 3 fr. 50
LES ORIGINES DU SOCIALISME D'ÉTAT EN ALLEMAGNE, par *Ch. Andler*. 2ᵉ édit. In-8. . . . . 7 fr.
L'ALLEMAGNE NOUVELLE ET SES HISTORIENS (*Niebuhr, Ranke, Mommsen, Sybel, Treitschke*), par *A. Guilland*. 1 vol. in-8 . . . . . 5 fr.
LA DÉMOCRATIE SOCIALISTE ALLEMANDE, par *E. Milhaud*. 1 vol. in-8. 10 fr.
LA PRUSSE ET LA RÉVOLUTION DE 1848, par *P. Matter*. 1 v. in-16. 3 fr. 50
BISMARCK ET SON TEMPS, par *le même*. 3 vol. in-8, chacun. 10 fr. — I. *La préparation (1815-1862)*. — II. *L'action (1863-1870)*. — III. *Le triomphe et le déclin (1870-1896)*. (*Ouvrage couronné par l'Institut*.)

ANGLETERRE

L'EUROPE ET LA POLITIQUE BRITANNIQUE (1882-1911), par *E. Lémonon*.
Préface de N. *Paul Deschanel*. 2ᵉ édit. 1 vol. in-8 . . . . 10 fr.
HISTOIRE CONTEMP. DE L'ANGLETERRE, par *H. Reynald*. 2ᵉ éd. In-16. 3 fr. 50
A TRAVERS L'ANGLETERRE CONTEMPORAINE, par *J. Mantoux*. In-16. 3 fr. 50

AUTRICHE-HONGRIE

LA RENAISSANCE TCHÈQUE AU XIXᵉ SIÈCLE, par *L. Leger*. 1 v. in-16. 3 fr. 50
LES TCHÈQUES ET LA BOHÊME CONTEMPORAINE, par *Bourlier*. In-16. 3 fr. 50
LE PAYS MAGYAR, par *R. Recouly*. 1 vol. in-16. . . . . . . 3 fr. 50
LA HONGRIE RURALE, SOCIALE ET POLITIQUE, par *J. de Mailath*. In-8. 5 fr.
LA QUESTION SOCIALE ET LE SOCIALISME EN HONGRIE, par *G.-Louis Jaray*.
1 vol. in-8 avec 5 cartes hors texte . . . . 7 fr.

ESPAGNE

LA QUESTION SOCIALE EN ESPAGNE, par *Angel Marvaud*. 1 vol. in-8. 7 fr.

GRÈCE et TURQUIE

LA TURQUIE ET L'HELLÉNISME CONTEMPORAIN, par *V. Bérard*. 1 vol. in-16.
6ᵉ éd. (*Ouvrage couronné par l'Académie française*) . . . . 3 fr. 50
BONAPARTE ET LES ÎLES IONIENNES, par *E. Rodocanachi*. In-8. 5 fr.

ITALIE

HISTOIRE DE L'UNITÉ ITALIENNE (1814-1871), p. *Bolton King*, 2 v. in-8. 15 fr.
BONAPARTE ET LES RÉPUBLIQUES ITALIENNES, par *P. Gaffarel*. In-8. 5 fr.
NAPOLÉON EN ITALIE (1800-1812), par *E. Driault*. 1 vol. in-8. . . 10 fr.

ROUMANIE

HISTOIRE DE LA ROUMANIE CONTEMP. (1822-1900), par *Damé*. In-8. 7 fr.

SUÈDE

BERNADOTTE ROI (1810-1818-1841), par *C. Schefer*. 1 vol. in-8. . 5 fr.

AMÉRIQUE

LES QUESTIONS ACTUELLES DE POLITIQUE ÉTRANGÈRE DANS L'AMÉRIQUE DU
NORD, par *A. Siegfried, P. de Rousiers, de Périgny, F. Roz, A. Tardieu*. 1 vol. in-16 avec 5 cartes hors texte . . . . 3 fr. 50
HISTOIRE DE L'AMÉRIQUE DU SUD, par *Alf. Deberle*. In-16. 3ᵉ éd. 3 fr. 50
L'INDUSTRIE AMÉRICAINE, par *A. Viallate*. 1 vol. in-8 . . . . 10 fr.

CHINE et JAPON

HISTOIRE DES RELATIONS DE LA CHINE AVEC LES PUISSANCES OCCIDENTALES
(1861-1902), par *H. Cordier*, de l'Instit. 3 vol. in-8, avec cartes. 30 fr.
L'EXPÉDITION DE CHINE DE 1857-58, par *le même*. 1 vol. in-8. . . 7 fr.
L'EXPÉDITION DE CHINE DE 1860, par *le même*. 1 vol. in-8 . . . . 7 fr.
EN CHINE. *Mœurs et institutions*, par *M. Courant*. 1 vol. in-16. 3 fr. 50
LE DRAME CHINOIS, par *Marcel Monnier*. 1 vol. in-16 . . . . 2 fr. 50
LE PROTESTANTISME AU JAPON (1859-1907), par *R. Allier*. In-16. 3 fr. 50
LA QUESTION D'EXTRÊME-ORIENT, par *E. Driault*. 1 vol. in-8. . . 7 fr.
LES QUESTIONS ACTUELLES DE POLITIQUE ÉTRANGÈRE EN ASIE, par MM. le
*Baron de Courcel, P. Deschanel, P. Doumer, E. Etienne, le Général
Lebon, Victor Bérard, R. de Caix, M. Revon, Jean Rodes, le Dᵣ Rouire*.
1 vol. in-16 avec 4 cartes hors texte . . . . 3 fr. 50
LA CHINE NOUVELLE, par *Jean Rodes*. 1 vol. in-16 . . . . 3 fr. 50

INDE

L'INDE CONTEMP. ET LE MOUVEMENT NATIONAL, par *E. Piriou*. In-16. 3 fr. 50

ÉGYPTE

LA TRANSFORMATION DE L'ÉGYPTE, par *Alb. Métin*. 1 vol. in-16. 3 fr. 50

QUESTIONS POLITIQUES ET SOCIALES

PROBLÈMES POLITIQUES ET SOCIAUX, par *E. Driault*. 2ᵉ éd. 1 vol. in-8. 7 fr.
VUE GÉNÉRALE DE L'HISTOIRE DE LA CIVILISATION, par *le même*. 2 vol.
in-16, illustrés, 3ᵉ édit. (*Récompensé par l'Institut*). . . . . 7 fr.
LE MONDE ACTUEL, par *le même*. Tableau polit. et économ. 1 v. in-8. 7 fr.
SOUVERAINETÉ DU PEUPLE ET GOUVERNEMENT, par *E. d'Eichthal*, de
l'Institut. 1 vol. in-16. . . . . 3 fr. 50

SOPHISMES SOCIALISTES ET FAITS ÉCONOMIQUES, par *Yves Guyot*. 1 vol. in-16. . . . . 3 fr. 50
LES MISSIONS ET LEUR PROTECTORAT, par *J.-L. de Lanessan*. 1 v. in-16. 3 fr. 50
LE SOCIALISME UTOPIQUE, par *A. Lichtenberger*. 1 vol. in-16. 3 fr. 50
LE SOCIALISME ET LA RÉVOLUTION FRANÇAISE, par *le même*. 1 v. in-8. 5 fr.
L'OUVRIER DEVANT L'ÉTAT, par *Paul Louis*. 1 vol. in-8. . . . . 7 fr.
HISTOIRE DU MOUVEMENT SYNDICAL EN FRANCE (1789-1910), par *le même*. 2e édit. 1 vol. in-16. . . . . 3 fr. 50
LE SYNDICALISME CONTRE L'ÉTAT, par *le même*. 1 vol. in-16. 3 fr. 50
HISTOIRE POLITIQUE ET SOCIALE (1815-1911). (*Évolution du monde moderne*), par *E. Driault et Monod*. 1 vol. in-16 avec gravures et cartes. 2e édit. 5 fr.
LA DISSOLUTION DES ASSEMBLÉES PARLEMENTAIRES, par *Paul Matter*. 1 vol. in-8. . . . . 5 fr.
LA FRANCE ET L'ITALIE DEVANT L'HISTOIRE, par *J. Reinach*. 1 vol. in-8. 5 fr.
LE SOCIALISME A L'ÉTRANGER, par MM. *J. Barthou, G. Gidel, Kinzo Goral, G. Isambert, G. Louis-Jaray, A. Marvaud, Da Motta de San Miguel, P. Quentin-Bauchart, M. Revon, A. Tardieu*. 1 v. in-16. 3 fr. 50
FIGURES DISPARUES, par *E. Spuller*. 3 vol. in-16, chacun . . . 3 fr. 50
L'ÉDUCATION DE LA DÉMOCRATIE, par *le même*. 1 vol. in-16. . . 3 fr. 50
L'ÉVOLUTION POLITIQUE ET SOCIALE DE L'ÉGLISE, par *le même*. 1 v. in-16. 3 fr. 50
LA FRANCE ET SES ALLIANCES, par *A. Tardieu*. 1 vol. in-16. . 3 fr. 50
LA VIE POLITIQUE DANS LES DEUX MONDES, publiée sous la direction de *A. Viallate et M. Caudel*. 1re ANNÉE (1906-1907), à 6e ANNÉE (1911-1912). Chacune 1 fort vol. in-8. . . . . 10 fr.
L'ÉCOLE SAINT-SIMONIENNE, par *G. Weill*. 1 vol. in-16. . . 3 fr. 50

LES MAITRES DE LA MUSIQUE

ÉTUDES D'HISTOIRE ET D'ESTHÉTIQUE

Publiées sous la direction de M. JEAN CHANTAVOINE

Chaque volume in-8 de 250 pages environ, 3 fr. 50

LISTE PAR ORDRE D'APPARITION

Palestrina, par MICHEL BRENET. 3e édition.
César Franck, par VINCENT D'INDY. 6e édit.
J.-S. Bach, par A. PIRRO. 4e édit.
Beethoven, par JEAN CHANTAVOINE. 7e édit.
Mendelssohn, par CAMILLE BELLAIGUE, 3e édition.
Smetana, par WILLIAM RITTER.
Rameau, par LOUIS LALOY. 2e éd.
Moussorgsky, par M. D. CALVOCORESSI. 2e édition.
Haydn, par M. BRENET. 2e édit.
Trouvères et Troubadours, par PIERRE AUBRY. 2e édit.
Wagner, par HENRI LICHTENBERGER. 4e édit.
Gluck, par JULIEN TIERSOT. 3e éd.
Liszt, par J. CHANTAVOINE. 3e éd.
Gounod, par C. BELLAIGUE. 2e éd.
Haendel, par R. ROLLAND. 3e éd.
Lully, par L. DE LA LAURENCIE.
L'Art Grégorien, par AMÉDÉE GASTOUÉ. 2e édit.
J.-J. Rousseau, par J. TIERSOT.
Schutz, par A. PIRRO.
Meyerbeer, par L. DAURIAC.
Mozart, par H. DE CURZON.

ART ET ESTHÉTIQUE

Collection fondée en 1913 et publiée sous la direction de M. PIERRE MARCEL

Chaque volume in-8, avec 24 reproductions hors texte. 3 fr. 50

LISTE PAR ORDRE D'APPARITION

Titien, par H. CARO-DELVAILLE.
Greuze, par LOUIS HAUTECŒUR.
Velazquez, par AMAN-JEAN.
Holbein, par E. FOUGERAT.
Hokousaï, par E. FOCILLON.
Pavis de Chavannes, par RENÉ JEAN.

BIBLIOTHÈQUE GÉNÉRALE
DES SCIENCES SOCIALES

Secrétaire de la rédaction: DICK MAY, Secrét. gén. de l'Éc. des Hautes-Études sociales.

Vol. in-8 carré de 300 pages environ, cart. à l'anglaise, chacun. **6 fr.**

Derniers volumes publiés :

La vie à Paris au XVIII° siècle, par MM. H. BERGMANN, L. CAHEN, H.-G. IBELS, L. DE LA LAURENCIE, J. LETACONNOUX, D. MORNET, J.-J. OLIVIER, M. ROUFF.

Les assurances sociales en France et à l'étranger, par P. PIC, professeur à la Faculté de droit de Lyon.

Les divisions régionales de la France, par MM. C. BLOCH, L. LAFFITTE, J. LETACONNOUX, L. LEVAINVILLE, F. MAURETTE, P. DE ROUSIERS, M. SCHWOB, C. VALLAUX, P. VIDAL DE LA BLACHE. Introduction de CH. SEIGNOBOS.

Les aspirations autonomistes en Europe, par MM. J. AULNEAU, F. DELAISI, Y.-M. GOBLET, R. HENRY, H. LICHTENBERGER, A. MALET, R. MARVAUD, AD. REINACH, H. VIMARD. Préface de CH. SEIGNOBOS.

La méthode positive dans l'enseignement primaire et secondaire, par MM. BERTHONNEAU, A. BIANCONI, H. BOURGIN, L. BRUCKER, F. BRUNOT, G. DELOBEL, G. RUDLER, H. WEILL. Avant-propos de A. CROISET.

Les œuvres périscolaires, par MM. le D' CALMETTE, le D' P. GALLOIS, le D' DE PRADEL, G. BERTIER, le D' E. PETIT, T. COUDIROLLE, le D' RÉGNIER, le D' CAYLA, L. BOUGIER, le D' P. LE GENDRE, le D' DOLÉRIS. Préface de M. le sénateur Paul STRAUSS.

J.-J. Rousseau, par MM. A. CAHEN, D. MORNET, G. GASTINEL, V. DELBOS, J. BENRUBI, F. BALDENSPERGER, G. DWELSHAUVERS, F. VIAL, BEAULAVON, G. BELOT, C. BOUGLÉ, D. PARODI. Préface de M. LANSON, professeur à la Sorbonne.

PRÉCÉDEMMENT PUBLIÉS :

LISTE PAR ORDRE D'APPARITION

L'individualisation de la peine, par R. SALEILLES, prof. à la Faculté de droit de l'Univ. de Paris, et G. MORIN, doc. 2° édition.

L'idéalisme social, par EUGÈNE FOURNIÈRE, 2° édit.

Ouvriers du temps passé, par H. HAUSER, 3° édit.

Les transformations du pouvoir, par G. TARDE, 2° édit.

Morale sociale, par MM. G. BELOT, MARCEL BERNÈS, BRUNSCHVICG, F. BUISSON, DARLU, DAURIAC, DELBET, CH. GIDE, M. KOVALEVSKY, MALAPERT, le R. P. MAUMUS, DE ROBERTY, G. SOREL, le Pasteur WAGNER. Préface de M. É. BOUTROUX, de l'Académie française. 2° éd.

Les enquêtes, *pratique et théorie,* par P. DU MAROUSSEM.

Questions de morale, par MM. BELOT, BERNÈS, F. BUISSON, A. CROISET, DARLU, DELBOS, FOURNIÈRE, MALAPERT, MOCH, D. PARODI, G. SOREL. 2° édit.

Le développement du catholicisme social, depuis l'encyclique *Rerum Novarum,* par MAX TURMANN. 2° édit.

Le socialisme sans doctrines, par A. MÉTIN. 2ᵉ édit.

L'éducation morale dans l'Université, par MM. LÉVY-BRUHL, DARLU, M. BERNÈS, KONTZ, ROCAFORT, BIOCHE, PH. GIDEL, MALAPERT, BELOT.

La méthode historique appliquée aux sciences sociales, par CH. SEIGNOBOS, professeur à l'Univ. de Paris. 2ᵉ édit.

Assistance sociale. *Pauvres et mendiants*, par PAUL STRAUSS.

L'hygiène sociale, par E. DUCLAUX, de l'Institut.

Essai d'une philosophie de la solidarité, par MM. DARLU, RAUH, F. BUISSON, GIDE, X. LÉON, LA FONTAINE, E. BOUTROUX.

L'éducation de la démocratie, par MM. E. LAVISSE, A. CROISET, SEIGNOBOS, MALAPERT, LANSON, HADAMARD. 2ᵉ édit.

L'exode rural et le retour aux champs, par VANDERVELDE. 2ᵉ édit.

La lutte pour l'existence et l'évolution des sociétés, par J.-L. DE LANESSAN, ancien ministre.

La concurrence sociale et les devoirs sociaux, par LE MÊME.

La démocratie devant la science, par C. BOUGLÉ, 2ᵉ éd. rev.

L'individualisme anarchiste. *Max Stirner*, par V. BASCH, chargé de cours à l'Université de Paris.

Les applications sociales de la solidarité, par MM. P. BUDIN, CH. GIDE, H. MONOD, PAULET, ROBIN, SIEGFRIED, BROUARDEL. 2ᵉ éd.

La paix et l'enseignement pacifiste, par MM. FR. PASSY, CH. RICHET, D'ESTOURNELLES DE CONSTANT, E. BOURGEOIS, A. WEISS, H. LA FONTAINE, G. LYON.

Études sur la philosophie morale au XIXᵉ siècle, par MM. BELOT, A. DARLU, M. BERNÈS, A. LANDRY, CH. GIDE, E. ROBERTY, R. ALLIER, H. LICHTENBERGER, L. BRUNSCHVICG.

Enseignement et démocratie, par MM. A. CROISET, DEVINAT, BOITEL, MILLERAND, APPELL, SEIGNOBOS, LANSON, CH.-V. LANGLOIS.

Religions et sociétés, par MM. TH. REINACH, A. PUECH, R. ALLIER, A. LEROY-BEAULIEU, LE Bᵒⁿ CARRA DE VAUX, H. DREYFUS.

Essais socialistes, par E. VANDERVELDE.

Le surpeuplement et les habitations à bon marché, par H. TUROT et H. BELLAMY.

L'individu, l'association et l'État, par E. FOURNIÈRE.

Les trusts et les syndicats de producteurs, par J. CHASTIN.

Le droit de grève, par MM. CH. GIDE, H. BERTHÉLEMY, P. BUREAU, A. KEUFER, C. PERREAU, CH. PICQUENARD, A.-E. SAYOUS, F. FAGNOT, E. VANDERVELDE.

Morales et religions, par MM. G. BELOT, L. DORISON, AD. LODS, A. CROISET, W. MONOD, E. DE FAYE, A. PUECH, le baron CARRA DE VAUX, E. EHRHARDT, H. ALLIER, F. CHALLAYE.

La nation armée, par MM. le général BAZAINE-HAYTER, C. BOUGLÉ, E. BOURGEOIS, Gᵃˡ BOURGUET, E. BOUTROUX, A. CROISET, G. DEMENY, G. LANSON, L. PINEAU, Gᵃˡ POTEZ, F. RAUH.

La criminalité dans l'adolescence, par G.-L. DUPRAT.

***

Médecine et pédagogie, par MM. le D' ALBERT MATHIEU, le D' GILLET, le D' S. MÉRY, P. MALAPERT, le D' LUCIEN BUTTE, le D' PIERRE RÉGNIER, le D' L. DUFESTEL, le D' LOUIS GUINON, le D' NOBÉCOURT. Préface de M. le D' E. MOSNY.

La lutte contre le crime, par J.-L. DE LANESSAN.

La Belgique et le Congo, par E. VANDERVELDE.

La dépopulation de la France, par le D' J. BERTILLON.

L'enseignement du français, par II. BOURGIN, A. CROISET, P. CROUZET, M. LACABE-PLASTEIG, G. LANSON, CH. MAQUET, J. PRETTRE, G. RUDLER, A. WEIL.

La séparation de l' .glise et de l'Etat, par J. DE NARFON.

Neutralité et monopole de l'enseignement, par MM. V. BASCH, E. BLUM, A. CROISET, G. LANSON, D. PARODI, TH. REINACH, F. LÉVY-WOGUE et R. PICHON.

La lutte scolaire en France au dix-neuvième siècle, par MM. F. BUISSON, L. CAHEN, A. DESSOYE, E. FOURNIÈRE, C. LATREILLE, R. LEBEY, ROGER LÉVY, CH. SEIGNOBOS, CH. SCHMIDT, J. TCHERNOFF, E. TOUTEY et J. LETACONNOUX.

BIBLIOTHÈQUE UTILE

Volumes in-32 de 192 pages chacun.

Chaque volume broché, **60** *cent.*

Acloque (A.). Les insectes nuisibles (avec fig.).

Bastide. Les guerres de la Réforme.

Bellet. (D.). Les grands ports maritimes de commerce (avec fig.).

Bère. Histoire de l'armée française.

Berget (Adrien.) La viticulture nouvelle.

— La pratique des vins.

— Les vins de France..

Blerzy. Les colonies anglaises.

Bondois. (P). L'Europe contemporaine (1789-1879).

Bouant. Les principaux faits de la chimie (avec fig.).

— Histoire de l'eau (avec fig.).

Brothier. Histoire de la terre.

Buchez. Histoire de la formation de la nationalité française.

I. *Les Mérovingiens.*

II. *Les Carlovingiens.*

Carnot. Révolution française. 2 vol.

Catalan. Notions d'astronomie. (avec fig.).

Collas et Driault. Histoire de l'empire ottoman.

Collier. Premiers principes des beaux-arts (avec fig.).

Combes (L.). La Grèce ancienne.

Coste (A.). La richesse et le bonheur.

— Alcoolisme ou épargne.

Coupin (H.). La vie dans les mers (avec fig.).

Creighton. Histoire romaine.

Cruveilhier. Hygiène générale.

Debidour (A.) Histoire des rapports de l'Eglise et de l'Etat en France (1789-1871). Abrégé par DUBOIS et SARTHOU.

Despois (Eug.). Révolution d'Angleterre. (1603-1688).

Doneaud (Alfred). Histoire de la marine française.

— Histoire contemporaine de la Prusse.

Dufour. Petit dictionnaire des falsifications.

Eisenmenger (G.). Les tremblements de terre.

Enfantin. La vie éternelle, passée, présente, future.

Faque (L.). L'Indo-Chine française.

Ferrière. Le darwinisme.

Gaffarel (Paul). Les frontières françaises et leur défense.

Gastineau (B.). Les génies de la science et de l'industrie.

Geikie. La géologie (avec fig.).

Genevoix (F.). Les procédés industriels.

— Les matières premières.

Gérardin. Botanique générale (avec fig.).

Girard de Rialle. Les peuples de l'Asie et de l'Europe.

Grove. Continents et océans, avec fig.

Guyot (Yves). Les préjugés économiques.

Henneguy. Histoire contemporaine de l'Italie.

Huxley. Premières notions sur les sciences. 5e édit.

Jevons (Stanley). L'économie politique.

Jouan. Les îles du Pacifique.

Jourdan (J.). La justice criminelle en France.

Jourdy. Le patriotisme à l'école.

Larbalétrier (A.). L'agriculture française (avec fig.).

— Les plantes d'appartement, de fenêtres et de balcons (avec fig.).

Larivière (Ch. de). Les origines de la guerre de 1870.

Larrivé. L'assistance publique en France.

Laumonier (Dr J.). L'hygiène de la cuisine.

Leneveux. Le travail manuel en France.

Lévy (Albert). Histoire de l'air (avec fig.).

Look (F.). Jeanne d'Arc.

— Histoire de la Restauration.

Mahaffy. L'antiquité grecque (avec fig.).

Maigne. Les mines de la France et de ses colonies.

Mayer (G.). Les chemins de fer (avec fig.).

Merklen (P.). La tuberculose; son traitement hygiénique.

Meunier (G.). Histoire de la littérature française.

— Histoire de l'art ancien, moderne et contemporain (avec fig.).

Mongredien. Histoire du libre-échange en Angleterre.

Monin. Les maladies épidémiques. Hygiène et prévention (avec fig.).

Morin. Résumé populaire du code civil, avec un appendice sur la loi des accidents du travail et la loi des associations.

Noël (Eugène). Voltaire et Rousseau.

Ott (A.). L'Asie occidentale et l'Egypte.

Paulhan (F.). La physiologie de l'esprit. (avec fig.)

Paul, Louis. Les lois ouvrières dans les deux mondes.

Petit. Economie rurale et agricole.

Piobat (L.). L'art et les artistes en France.

Quesnel. Histoire de la conquête de l'Algérie.

Raymond (E.). L'Espagne et le Portugal.

Regnard. Histoire contemporaine de l'Angleterre.

Renard (G.). L'homme est-il libre?

Robinet. La philosophie positive.

Rolland (Ch.). Histoire de la maison d'Autriche.

Sérieux et Mathieu. L'alcool et l'alcoolisme.

Spencer (Herbert). De l'éducation.

Turck. Médecine populaire, 7e édit.

Vaillant. Petite chimie de l'agriculteur.

Zaborowski. L'origine du langage.

— Les migrations des animaux.

— Les grands singes.

— Les mondes disparus (avec fig.)

— L'homme préhistorique. 8e édit. (avec fig.)

Zevort (Edg.). Histoire de Louis-Philippe.

Zurcher (F.). Les phénomènes de l'atmosphère.

Zurcher et Margollé. Télescope et microscope.

— Les phénomènes célestes.

BIBLIOTHÈQUE FRANCE-AMÉRIQUE
Fondée en 1913

GARNEAU (F.-X.). Histoire du Canada. 5e édit., revue, annotée et publiée avec un avant-propos par son petit-fils HECTOR GARNEAU. Préface de M. GABRIEL HANOTAUX, de l'Académie française, président du comité France-Amérique. Tome I, 1913. 1 vol. in-8 . . . . 7 fr. 50

CROLY (H.). Les Promesses de la Vie américaine. Traduit de l'anglais par MM. FIRMIN ROZ et FENARD. 1913. 1 vol. in-8 . . . . . 3 fr. 50

Les États-Unis et la France, par E. BOUTROUX, P.-W. BARTLETT, J.-M. BALDWIN, L. BÉNÉDITE, W.-V.-R. BERRY, D'ESTOURNELLES DE CONSTANT, L. GILLET, D.-J. HILL, J.-H. HYDE, MORTON FULLERTON. 1913. 1 vol. in-8, avec 18 planches hors texte . . . . 5 fr.

BIBLIOTHÈQUE SCIENTIFIQUE
INTERNATIONALE

Volumes in-8, cartonnés à l'anglaise.

Sauf indication spéciale, tous ces volumes se vendent 6 francs.

Derniers volumes publiés :

LANESSAN (J.-L. de). **Transformisme et créationisme.**

PEARSON (K.). **La grammaire de la science** (*La Physique*). 9 fr.

CYON (E. de). **L'oreille,** illustré.

CRESSON (A.). **L'espèce et son serviteur.** *Sexualité, moralité,*
illustré.

Précédemment parus :

ANDRADE (J.). **Le mouvement,** illustré.

ANGOT. **Les aurores polaires,** illustré.

ARLOING. **Les virus,** illustré.

BAGEHOT. **Lois scientifiques du développement des nations,**
7e édition.

BAIN (A.). **L'esprit et le corps,** 7e édition.

— **La science de l'éducation,** 12e édition.

BENEDEN (VAN). **Les commensaux et les parasites dans le
règne animal,** 4e édition, illustré.

BERNSTEIN. **Les sens,** 5e édition, illustré.

BERTHELOT, de l'Institut. **La synthèse chimique,** 10e éd,

— **La révolution chimique.** *Lavoisier,* 2e édition, ill.

BINET, **Les altérations de la personnalité,** 2e édition.

BINET et FÉRÉ. **Le magnétisme animal,** 5e éd., illustré.

BOURDEAU (L.). **Histoire du vêtement et de la parure.**

BRUNACHE. **Le centre de l'Afrique.** *Autour du Tchad,* ill.

CANDOLLE (A. de). **Origine des plantes cultivées,** 4e édit.

CARTAILHAC. **La France préhistorique,** 2e éd., illustré.

CHARLTON BASTIAN. **L'évolution de la vie,** avec figures
dans le texte et 12 planches hors texte.

COLAJANNI. **Latins et Anglo-Saxons.** 9 fr.

CONSTANTIN (Cne). **Le rôle sociologique de la guerre et le sentiment national.**

COOKE et BERKELEY. **Les champignons,** 4e éd., illustré.

COSTANTIN (J.). **Les végétaux et les milieux cosmiques**
(*Adaptation, évolution*), illustré.

— **La nature tropicale,** illustré.

— **Le transformisme appliqué à l'agriculture,** illustré.

CUÉNOT (L.). **La genèse des espèces animales.** (*Couronné
par l'Académie des sciences.*) Illustré. 12 fr.

DAUBRÉE, de l'Institut. **Les régions invisibles du globe et
des espaces célestes.** 2e édition, illustré.

DEMENY (G.). **Les bases scientifiques de l'éducation physique,**
5e éd., illustré.

— **Mécanisme et éducation des mouvements,** 4e éd. 9 fr.

DEMOOR, MASSART et VANDERVELDE. L'évolution régressive en biologie et en sociologie, illustré.

DRAPER. Les conflits de la science et de la religion, 12e éd.

DUMONT (Léon). Théorie scientifique de la sensibilité, 4e éd.

GELLE (E.-M.). L'audition et ses organes, illustré.

GRASSET (J.). Les maladies de l'orientation et de l'équilibre, illustré.

GROS-E (E.). Les débuts de l'art, illustré.

GUIGNET (E.) et E. GARNIER. La céramique ancienne et moderne, illustré.

HUXLEY (Th.-H.). L'écrevisse, 2e édition, illustré.

JACCARD. Le pétrole, le bitume et l'asphalte, illustré.

JAVAL. Physiologie de la lecture et de l'écriture, 2e éd. illustré.

LAGRANGE (F.). Physiologie des exercices du corps, 10e éd.

LALOY. Parasitisme et mutualisme dans la nature, ill.

LANESSAN (de). Principes de colonisation.

LE DANTEC. Théorie nouvelle de la vie, 5e éd., illustré.
— Évolution individuelle et hérédité, 2e édit.
— Les lois naturelles, illustré.
— La stabilité de la vie.

LOEB. La dynamique des phénomènes de la vie, ill.   9 fr.

LUBBOCK. Les sens et l'instinct chez les animaux, ill.

MALMÉJAC. L'eau dans l'alimentation, illustré.

MEUNIER (Stanislas). La géologie comparée, illustré.
— Géologie expérimentale, 2e éd., illustré.
— La géologie générale, 2e édit., illustré.

MEYER (de). Les organes de la parole, illustré.

MORTILLET (G. de). Formation de la nation française, 2e édition, illustré.

NIEWENGLOWSKI. La photographie et la photochimie, illust.

NORMAN LOCKYER. L'évolution inorganique, illustré.

PERRIER (Ed.), de l'Institut. La philosophie zoologique avant Darwin, 3e édition.

PETTIGREW. La locomotion chez les animaux, 2e éd., ill.

QUATREFAGES (A. de). L'espèce humaine, 15e édition.
— Darwin et ses précurseurs français, 2e édition.
— Les émules de Darwin, 2 vol.

RICHET (Ch.). La chaleur animale, illustré.

ROCHE. La culture des mers en Europe, illustré.

ROUBINOVITCH (Dr J.). Aliénés et anormaux. (*Couronné par l'Académie de Médecine*). Illustré.

SCHMIDT. Les mammifères dans leurs rapports avec leurs ancêtres géologiques, illustré.

SECCHI (Le Père). Les étoiles, 3e édit., 2 vol. illustrés.

SPENCER (H.) Introduction à la science sociale, 14e éd.
— Les bases de la morale évolutionniste, 7e édition.

STALLO. La matière et la physique moderne, 3e édition.

STARCKE. La famille primitive.

STEWART (Balfour). La conservation de l'énergie, 6e éd.

THURSTON. Histoire de la machine à vapeur, 3e éd., 2 vol.

TOPINARD. L'homme dans la nature, illustré.

VRIES (H. de). Espèces et variétés, 1 vol.   12 fr.

WURTZ, de l'Institut. La théorie atomique, 8e édition.

NOUVELLE COLLECTION SCIENTIFIQUE

DIRECTEUR : ÉMILE BOREL, professeur à la Sorbonne.

VOLUMES IN-16 A 3 FR. 50 L'UN

Derniers volumes publiés.

Le froid industriel, par L. MARCHIS, professeur à la Faculté des sciences de Paris. Avec 101 fig.

Le système du monde *des Chaldéens à Newton*, par J. SAGERET. Avec 20 fig.

L'aviation, par PAUL PAINLEVÉ, ÉMILE BOREL et CH. MAURAIN. 6e édit., revue et augmentée. Avec figures.

La question de la population, par PAUL LEROY-BEAULIEU, membre de l'Institut, professeur au Collège de France. (*Récompensé par l'Institut.*)

Les atomes, par Jean PERRIN, professeur de chimie physique à la Sorbonne. Avec gravures. 4e édit.

Le Maroc physique, par L. GENTIL, prof. adjoint à la Sorbonne, directeur de l'Institut de recherches scientifiques de Rabat. Avec cartes.

Précédemment parus.

Éléments de philosophie biologique, par F. LE DANTEC, chargé du cours de biologie générale à la Sorbonne. 3e éd.

La voix. *Sa culture physiologique. Théorie nouvelle de la phonation*, par le Dr P. BONNIER. Avec grav. 4e éd.

De la méthode dans les sciences (1re *série*) :
Avant-propos, par P.-F. THOMAS. — *De la science*, par ÉMILE PICARD. — *Mathématiques pures*, par J. TANNERY. — *Mathématiques appliquées*, par P. PAINLEVÉ. — *Physique générale*, par M. BOUASSE. — *Chimie*, par M. JOB. — *Morphologie générale*, par A. GIARD. — *Physiologie*, par F. LE DANTEC. — *Sciences médicales*, par PIERRE DELBET. — *Psychologie*, par TH. RIBOT. — *Sciences sociales*, par E. DURKHEIM. — *Morale*, par L. LÉVY-BRUHL. — *Histoire*, par G. MONOD. 2e éd.

De la Méthode dans les sciences (2e *série*) :
Avant-propos, par ÉMILE BOREL. — *Astronomie, jusqu'au milieu du XVIIIe siècle*, par B. BAILLAUD. — *Chimie physique*, par JEAN PERRIN. — *Géologie*, par LÉON BERTRAND. — *Paléobotanique*, par R. ZEILLER. — *Botanique*, par LOUIS BLARINGHEM. — *Archéologie*, par SALOMON REINACH. — *Histoire littéraire*, par GUSTAVE LANSON. — *Statistique*, par LUCIEN MARCH. — *Linguistique*, par A. MEILLET. 2e édition.

L'éducation dans la famille. *Les péchés des parents*, par P.-F. THOMAS, professeur au lycée Hoche. 4e édit. (*Couronné par l'Institut.*)

La crise du transformisme, par F. LE DANTEC. 2e édit.

L'énergie, par W. OSTWALD, professeur honoraire à l'Université de Leipzig (prix Nobel de 1909), traduit de l'allemand par E. PHILIPPI. 3e édit.

Les états physiques de la matière, par CH. MAURAIN, professeur à la Faculté des Sciences de Caen. 2e édit. avec figures.

La chimie de la matière vivante, par JACQUES DUCLAUX, préparateur à l'Institut Pasteur. 2e édit.

La race slave, *statistique, démographie, anthropologie*, par L. NIEDERLE, professeur à l'Université de Prague. Traduit et précédé d'une préface par L. LEGER, de l'Institut. Avec une carte en couleurs hors texte.

L'évolution des théories géologiques, par STANISLAS MEUNIER, professeur au Muséum d'Histoire naturelle. Avec gravures.

Le transformisme et l'expérience, par E. RABAUD, maître de conférences à la Sorbonne. Avec gravures.

L'évolution de l'électrochimie, par W. OSTWALD, professeur honoraire à l'Université de Leipzig. Traduit de l'allemand par E. PHILIPPI.

L'artillerie de campagne. *Son histoire, son évolution, son état actuel*, par E. BUAT, lieutenant-colonel d'artillerie. Avec 75 grav.

Science et philosophie, par J. TANNERY, de l'Institut. Avec une notice par E. BOREL.

COLLECTION MÉDICALE

ÉLÉGANTS VOLUMES IN-12, CARTONNÉS A L'ANGLAISE, A 6, 4 ET 3 FRANCS

DERNIERS VOLUMES PUBLIÉS :

Bréviaire de l'arthritique, par le D' M. DE FLEURY, membre de l'Académie de médecine. 4 fr.

Manuel de pathologie. *A l'usage des sages-femmes et des mères*, par le D' H. DUFOUR, médecin de l'hôpital de la Maternité, avec 53 grav. dans le texte et 14 planches en couleur hors texte. 6 fr.

La médecine préventive du premier âge, par le D' P. LONDE, ancien interne des hôpitaux de Paris. 4 fr.

Manuel de psychiatrie, par le D' ROGUES DE FURSAC, médecin en chef des asiles de la Seine. 4° édit., revue et augmentée. 4 fr.

La démence précoce. *Étude psychologique, médicale et médico-légale*, par le D' CONSTANZA PASCAL, médecin des asiles publics d'aliénés. 4 fr.

Hygiène de l'alimentation dans l'état de santé et de maladie, par le D' J. LAUMONIER, avec gravures, 4° édition entièrement refondue. 4 fr.

———

PRÉCÉDEMMENT PARUS :

Manuel de pratique obstétricale à l'usage des sages-femmes, par le D' E. PAQUY, avec 107 gravures dans le texte. 4 fr.

Essais de médecine préventive, par le D' P. LONDE. 4 fr.

La joie passive, par le D' R. MIGNARD. Préface du D' G. DUMAS. 4 fr.

Guide pratique de puériculture, à l'usage des docteurs en médecine et des sages-femmes, par le D' DELÉARDE. 4 fr.

La mimique chez les aliénés, par le D' G. DROMARD. 4 fr.

L'amnésie, par les D" G. DROMARD et J. LEVASSORT. 4 fr.

La mélancolie, par le D' R. MASSELON, médecin adjoint à l'asile de Clermont. (*Couronné par l'Académie de médecine.*) 4 fr.

Essai sur la puberté chez la femme, par M"° le D' MARTHE FRANCILLON, ancien interne des hôpitaux de Paris. 4 fr.

Les nouveaux traitements, par le D' J. LAUMONIER. 2° éd. 4 fr.

Les embolies bronchiques tuberculeuses, par le D' CH. SABOURIN, médecin du sanatorium de Durtol, avec gravures. 4 fr.

Manuel d'électrothérapie et d'électrodiagnostic, par E. ALBERT-WEIL. Av. 88 grav. *Cour. par l'Acad. de méd.* 2° éd. 4 fr.

La mort réelle et la mort apparente, *diagnostic et traitement de la mort apparente*, par le D' S. ICARD, avec gravures. 4 fr.

L'hygiène sexuelle et ses conséquences morales, par le D' S. RIBBING, prof. à l'Univ. de Lund (Suède). 4° édit. 4 fr.

Hygiène de l'exercice chez les enfants et les jeunes gens, par le D' F. LAGRANGE, lauréat de l'Institut. 9° édit. 4 fr.

De l'exercice chez les adultes, par *le même*. 7° édition. 4 fr.

Hygiène des gens nerveux, par le D' LEVILLAIN, avec gravures. 6° éd. 4 fr.

L'éducation rationnelle de la volonté. *Son emploi thérapeutique*, par le Dr PAUL-ÉMILE LÉVY. Préface de M. le prof. BERNHEIM. 8e édition.   4 fr.

L'idiotie. *Psychologie et éducation de l'idiot*, par le Dr J. VOISIN, médecin de la Salpêtrière, avec gravures.   4 fr.

La famille névropathique, *Hérédité, prédisposition morbide, dégénérescence*, par le D^r CH. FÉRÉ, médecin de Bicêtre. Avec gravures. 2e édition.   4 fr.

L'instinct sexuel. *Évolution, dissolution*, par le même. 3e éd.   4 fr.

Le traitement des aliénés dans les familles, par le même. 3e édition.   4 fr.

L'hystérie et son traitement, par le Dr PAUL SOLLIER. 2e éd.   4 fr.

Manuel de percussion et d'auscultation, par le Dr P. SIMON, professeur à la Faculté de médecine de Nancy, avec grav.   4 fr.

La fatigue et l'entraînement physique, par le D^r PH. TISSIÉ, avec gravures. Préface de M. le prof. BOUCHARD. 3e édition.   4 fr.

Les maladies de la vessie et de l'urèthre chez la femme, par le Dr KOLISCHER ; trad. de l'allemand par le Dr BEUTTNER, de Genève ; avec gravures.   4 fr.

Grossesse et accouchement, *Étude de socio-biologie et de médecine légale* par le Dr G. MORACHE, professeur de médecine légale à l'Université de Bordeaux.   4 fr.

Naissance et mort, *Étude de socio-biologie et de médecine légale*, par le même.   4 fr.

La responsabilité, *Étude de socio-biologie et de médecine légale*, par le Dr G. MORACHE, prof. de médecine légale à l'Université de Bordeaux, associé de l'Académie de médecine.   4 fr.

Traité de l'intubation du larynx *de l'enfant et de l'adulte, dans les sténoses laryngées aiguës et chroniques*, par le Dr A. BONAIN, avec 42 gravures.   4 fr.

Pratique de la chirurgie courante, par le Dr M. CORNET, Préface du Pr OLLIER, avec 111 gravures.   4 fr.

———

Dans la même collection :

COURS DE MÉDECINE OPÉRATOIRE

de M. le Professeur Félix Terrier :

Petit manuel d'antisepsie et d'asepsie chirurgicales, par les Drs FÉLIX TERRIER, professeur à la Faculté de médecine de Paris, et M. PÉRAIRE, ancien interne des hôpitaux, avec grav.   3 fr.

Petit manuel d'anesthésie chirurgicale, par *les mêmes*, avec 37 gravures.   3 fr.

L'opération du trépan, par *les mêmes*, avec 222 grav.   4 fr.

Chirurgie de la face, par les Drs FÉLIX TERRIER, GUILLEMAIN et MALHERBE, avec gravures.   4 fr.

Chirurgie du cou, par *les mêmes*, avec gravures.   4 fr.

Chirurgie du cœur et du péricarde, par les Drs FÉLIX TERRIER et E. REYMOND, avec 79 gravures.   3 fr.

Chirurgie de la plèvre et du poumon, par *les mêmes*, avec 67 gravures.   4 fr.

MÉDECINE
Dernières publications :

ALBERT-WEIL (E.). **Éléments de radiologie.** *Diagnostic et thérapeutique par les rayons X.* 1 vol. grand in-8, avec 201 fig. 15 fr.

BEURMANN (de) ET GOUGEROT. **Les sporotrichoses.** 1 fort vol. gr. in-8 avec 181 fig. et 8 planches. (*Cour. par l'Acad. de méd.*) 20 fr.

BONNIER (P.). **L'action directe sur les centres nerveux.** *Centrothérapie.* 1 vol. in-8, avec fig. 5 fr.

— *L'anxiété. États anxieux. Trac. Phobies. Obsessions. Mélancolie. Dépression. Aboulie. Neurasthénie.* 1 vol. in-8, avec fig. 1 fr.

DELBET (P.) et MOCQUOT (P.). **Varices du membre inférieur.** *Pathogénie et traitement.* 1 vol. in-8, avec 20 pl. h. t. en noir et en coul. et 101 fig. (*Annales de la clinique chirurgicale du prof. P. Delbet, t. II.*) 18 fr.

HALLOPEAU (Paul), chirurgien des Hôpitaux de Paris. **La désarticulation temporaire dans le traitement des tuberculoses du pied.** 1 vol. in-8, avec 35 planches hors texte (*Annales de la clinique chirurgicale du professeur Pierre Delbet, t. 1*). (*Recomp. par l'Acad. de méd.*) 10 fr.

Manuel pratique de Kinésithérapie. Publié en 7 fascicules in-8 se vendant séparément ou en 2 forts vol. in-8, ensemble. 25 fr.

Fascicule I. *Le rôle thérapeutique du mouvement. Notions générales* (WETTERWALD). *Maladies de la circulation* (E. ZANDER Jor). Avec 75 figures. 3 fr.

— II. *Gynécologie* (H. STAPFER). 1 vol. in-8, avec 12 fig. 4 fr.

— III. *Maladies respiratoires (méthode de l'exercice physiologique de la respiration)* (G. ROSENTHAL). Avec 50 figures. 5 fr.

— IV. *Kinésithérapie orthopédique* (R. MESNARD). Av. 91 fig. 3 fr.

— V. *Maladies de la nutrition* (WETTERWALD). *Maladies de la peau* (R. LEROY). Avec 47 figures. 4 fr.

— VI. *Les traumatismes et leurs suites* (L. DUREY). Avec 32 figures. 4 fr.

— VII. *La rééducation motrice* (R. HIRSCHBERG). Avec 38 fig. 3 fr.

LEWIS (Th.), professeur à l'École de médecine de Londres. **Les désordres cliniques du battement du cœur.** Trad. par P. CHAUVET. Préf. du prof. J. TEISSIER. 1 vol. in-8 écu, avec 47 fig. 3 fr. 50

OBERLAENDER (F.-M.) ET KOLLMANN (A.). **La blennorrhagie chronique et ses complications.** Traduit par le Dr C. LEPOUTRE. 1 vol. gr. in-8 avec 178 fig. et 3 planches en couleurs hors texte. 15 fr.

STEWART (Dr Purves). **Le diagnostic des maladies nerveuses.** Traduction et adaptation française, par le Dr GUSTAVE SCHERB. Préface de M. le Dr E. HELME. 1 vol. in-8 avec 208 fig. et diagrammes. 15 fr.

PRÉCÉDEMMENT PARUS :

Pathologie et thérapeutique médicales.

CAMUS ET PAGNIEZ. **Isolement et psychothérapie.** *Traitement de la neurasthénie.* Préface du Pr DÉJERINE. 1 vol. gr. in-8. 9 fr.

Conférence Internationale du cancer (2e). Tenue à Paris du 1er au 3 octobre 1910. Travaux publiés sous la direction de M. le Prof. Pierre DELBET et du Dr R. LEDOUX-LEBARD. 1 vol. gr. in-8. 20 fr.

CORNIL (V.), RANVIER, BRAULT ET LETULLE. **Manuel d'histologie pathologique.** 3e édition, entièrement remaniée.

TOME I, par J.M. RANVIER, CORNIL, BRAULT, F. BÉZANÇON et N. CAZIN. *Histologie normale. Cellules et tissus normaux. Généralités sur l'histologie pathologique. Altération des cellules et des tissus. Inflammations. Tumeurs. Notions sur les bactéries. Maladies des systèmes et des tissus. Altérations du tissu conjonctif.* 1 vol. in-8, avec 387 grav. en noir et en coul. 25 fr.

Tome II, par MM. Durante, Jolly, Dominici, Gombault et Philippe. *Muscles. Sang et hématopoïèse. Généralités sur le système nerveux.* 1 vol. in-8, avec 278 grav. en noir et en couleurs.   25 fr.

Tome III, par MM. Gombault, Nageotte, A. Riche, R. Marie, Durante, Legry, F. Bezançon. *Cerveau. Moelle. Nerfs. Cœur. Larynx. Ganglion lymphatique. Rate.* 1 vol. in-8, avec 382 grav. en noir et en couleurs.   35 fr.

Tome IV et dernier, par MM. Milian, Dieulafé, Decloux, Ribadeau, Dumas, Gritzmann, Courcoux, Brault, Legry, Hallé, Klippel et Lefas. *Poumon. Bouche. Tube digestif. Estomac. Intestin. Foie. Rein. Vessie et urèthre. Pancréas.* 2 vol. in-8.   45 fr.

DESCHAMPS, (A.). **Les maladies de l'énergie.** *Les asthénies générales. Épuisements, insuffisances, inhibitions.* (Clinique et thérapeutique). Préface de M. le professeur Raymond. 1 vol. in-8. 2ᵉ édit. 18 fr.

DUBUISSON (P.) et VIGOUROUX (A.). **Responsabilité pénale et folie.** 1 vol. in-8.   7 fr. 50

FINGER (E.). **La syphilis et les maladies vénériennes.** Trad. par les Dʳˢ Spillmann et Doyon. 3ᵉ édit. Avec 8 pl. h. texte.   12 fr.

FLEURY (M. de), de l'Académie de médecine. **Introduction à la médecine de l'esprit.** 9ᵉ édit. 1 vol. in-8.   7 fr. 50

— **Les grands symptômes neurasthéniques.** 4ᵉ éd. In-8.   7 fr. 50

— **Manuel pour l'étude des maladies du système nerveux.** 1 vol. gr. in-8, avec 132 grav. en noir et en couleurs, cart. à l'angl. 25 fr.

FRENKEL (H. S.). **L'ataxie tabétique.** 1 vol. in-8.   8 fr.

HARTENBERG (P.). **Psychologie des neurasthéniques.** 2ᵉ édition. 1 vol. in-16.   3 fr. 50

— **L'hystérie et les hystériques.** 1 vol. in-16.   3 fr. 50

JANET (P.) et RAYMOND (F.). **Névroses et idées fixes.** Tome I. *Études expérimentales,* par P. Janet. 2ᵉ éd. 1 vol. gr. in-8 avec 68 gr. 12 fr.; Tome II. *Fragments des leçons cliniques,* par F. Raymond et P. Janet. 2ᵉ éd. 1 vol. grand in-8, avec 97 grav. 14 fr. (*Couronné par l'Académie des Sciences et par l'Académie de médecine.*)

JANET (P.) et RAYMOND (F.). **Les obsessions et la psychasthénie.** Tome I. — *Études cliniques et expérimentales,* par P. Janet. 2ᵉ édit. 1 vol. gr. in-8, avec grav. dans le texte. 18 fr.; Tome II. — *Fragments des leçons cliniques,* par F. Raymond et P. Janet. 2ᵉ édit. 1 vol. in-8 raisin, avec 22 gravures dans le texte.   14 fr.

JANET (Dʳ Pierre). **L'état mental des hystériques.** 2ᵉ édition. 1 vol. in-8, avec gravures dans le texte.   18 fr.

JOFFROY (le prof.) et DUPOUY. **Fugues et vagabondage.** 1 vol. in-8.   7 fr.

LABADIE-LAGRAVE et LEGUEU. **Traité médico-chirurgical de gynécologie.** 4ᵉ éd., remaniée. 1 vol. in-8, avec fig., cart.   25 fr.

LE DANTEC (F.). **Introduction à la pathologie générale.** 1 fort vol. gr. in-8.   15 fr.

LÉPINE (le prof. R.). **Le diabète sucré.** 1 vol. gr. in-8.   16 fr.

MACKENSIE (Dʳ J.). **Les maladies du cœur.** Traduit par le Dʳ Françon. Préface du Dʳ H. Vaquez. 1 vol. in-8 avec 280 fig. 15 fr.

MARIE (Dʳ A.). **Traité international de psychologie pathologique.** Tome I : *Psychopathologie générale,* par MM. les Pʳˢ Grasset, Del Greco, Dʳ A. Marie, Prof. Mally, Mingazzini, Dʳˢ Dide, Klippel, Levaditi, Lugaro, Marinesco, Médéa, L. Lavastine, Prof. Marro, Clouston, Bechterew, Ferrari, Prof. Carrara. 1 vol. gr. in-8, avec 353 gr. dans le texte.   25 fr.

Tome II : *Psychopathologie clinique,* par MM. les Dʳˢ Bagenoff, Bechterew, Dʳˢ Colin, Capgras, Deny, Hesnard, Lhermitte, Magnan, A. Marie, Pʳ Pick, Pilcz, Dʳ Riche, Roubinovitch, Sérieux, Sollier, Pʳ Ziehen. 1 vol. gr. in-8, avec 341 gr. 25 fr.

TOME III ET DERNIER. *Psychologie appliquée*, par MM. les Prof.
BAGENOFF, BIANCHI, SIKORSKY, G. DUMAS, HAVELOCK-ELLIS,
Drs CULLERRE, A. MARIE, DEXLER, Prof. SALOMONSEN. 1 vol. gr.
in-8 avec grav.

MOSSÉ. **Le diabète et l'alimentation aux pommes de terre.**
1 vol. in-8. 5 fr.

REVAULT D'ALLONNES (Dr G.). **L'affaiblissement intellectuel
chez les déments.** 1 vol. in-8. 5 fr.

SÉRIEUX et CAPGRAS. **Les folies raisonnantes.** 1 vol. in-8. 7 fr.

SOLLIER (P.). **Genèse et nature de l'hystérie.** 2 vol. in-8. 20 fr.

Pathologie et thérapeutique chirurgicales.

BOECKEL (J. et A.). **Des fractures du rachis cervical sans
symptômes médullaires.** 1 vol. in-8 avec pl. (*Cour. par l'Acad. de
méd.*). 8 fr.

CORNIL (le prof. V.). **Les tumeurs du sein.** 1 vol. gr. in-8, avec
169 fig. dans le texte. 12 fr.

DURET (H.). **Les tumeurs de l'encéphale.** *Manifestations et chirurgie.* 1 fort vol. gr. in-8, avec 300 figures. 20 fr.

ESTOR (le prof.). **Guide pratique de chirurgie infantile.** 1 vol.
in-8, avec 165 gravures. 2e édition, revue et augmentée. 8 fr.

HENNEQUIN et LOEWY. **Les luxations des grandes articula-
tions,** *leur traitement pratique.* 1 vol. in-8, avec 125 gr. 16 fr.

LE DAMANY (Dr P.). **La luxation congénitale de la hanche.**
1 fort vol. gr. in-8 avec 186 fig. 15 fr.

LEGUEU (Prof. F.). **Traité chirurgical d'urologie.** Préface de
M. le Prof. GUYON. 1 fort vol. gr. in-8 de VIII-1332 p., avec 663 grav.
dans le texte et 8 pl. en couleurs hors texte, cartonné à l'angl. 40 fr.
— **Leçons de clinique chirurgicale** (Hôtel-Dieu, 1901). 1 vol.
grand in-8, avec 71 gravures dans le texte. 12 fr.

MONOD (P^r Ch.) ET VANVERTS (J.) **Chirurgie des artères,** *Rapport
au XXIIe Congrès de chirurgie.* 1 vol. in-8. 2 fr.

NIMIER (H.). **Blessures du crâne et de l'encéphale par coup
de feu.** 1 vol. in-8, avec 150 fig. 15 fr.

NIMIER (H.) ET LAVAL. **Les projectiles de guerre.** 1 v. in-12, av. gr. 3 fr.
— **Les explosifs, les poudres, les projectiles d'exercice,** *leur
action et leurs effets vulnérants.* 1 vol. in-12, avec grav. 3 fr.
— **Les armes blanches,** *leur action et leurs effets vulnérants.* 1 vol.
in-12, avec grav. 8 fr.
— **De l'infection en chirurgie d'armée.** 1 v. in-12, avec gr. 6 fr.
— **Traitement des blessures de guerre.** 1 vol. in-12, ill. 6 fr.

REVERDIN (Pr J.-L.). **Leçons de chirurgie de guerre.** *Des blessures
faites par les balles des fusils.* 1 vol. in-8, avec 7 pl. 7 fr. 50

TERRIER (F.) ET AUVRAY (M.). **Chirurgie du foie et des voies
biliaires.** — TOME I. *Traumatismes du foie et des voies biliaires.* —
Foie mobile. — *Tumeurs du foie et des voies biliaires.* 1 vol. gr. in-8,
avec 50 gravures. 10 fr.
TOME II. *Échinococcose hydatique commune.* — *Kystes alvéolaires.*
— *Suppurations hépatiques.* — *Abcès tuberculeux intra-hépatique.* —
Abcès de l'actinomycose. 1 vol. gr. in-8, avec 17 gravures. 12 fr.

Thérapeutique. Pharmacie. Hygiène.

BOSSU. **Petit compendium médical.** 6e éd. 1 v. in-32, cart. 1 fr. 25

BOUCHARDAT. **Nouveau formulaire magistral.** 31e édition.
Collationnée avec le Codex de 1908. 1 vol. in-18, cart. 4 fr.

BOUCHARDAT ET DESOUBRY. **Formulaire vétérinaire,** 6e édit.
1 vol. in-18, cartonné. 4 fr.

BOUCHUT et **DESPRÉS. Dictionnaire de médecine et de thérapeutique médicale et chirurgicale**, mis au courant de la science par les Dʳˢ MARION et F. BOUCHUT. 7ᵉ édition, très augmentée. 1 vol. in-4, avec 1097 fig. dans le texte et 3 cartes. Broché, 25 fr. ; relié. 30 fr.

HARTENBERG (Dʳ *P.*). **Traitement des neurasthéniques.** 1 vol. in-16.   3 fr. 50

LAGRANGE (F.). **La médication par l'exercice.** 1 vol. grand in-8, avec 68 grav. et une carte en couleurs. 3ᵉ éd.   12 fr.

— **Les mouvements méthodiques et la « mécanothérapie».** 1 vol. in-8, avec 55 gravures.   10 fr.

LAGRANGE (F.). **Le traitement des affections du cœur par l'exercice et le mouvement.** 1 vol. in-8 avec figures.   6 fr.

— **La fatigue et le repos.** 1 vol. in-8, publié avec le concours du Dʳ DE GRANDMAISON. 1 vol. in-8.   6 fr.

LAHOR (Dʳ CAZALIS) et Lucien **GRAUX. L'alimentation à bon marché saine et rationnelle.** 1 vol. in-16. 2ᵉ édit.   3 fr. 50

LÉVY (Dʳ P.-E.). **Neurasthénie et névroses.** *Leur guérison définitive en cure libre.* 2ᵉ édit. 1 vol. in-16.   5 fr.

RICHET (Pʳ CH.). **L'anaphylaxie.** 2ᵉ édit. 1 vol. in-16.   3 fr. 50

UNNA. Thérapeutique des maladies de la peau. Traduit de l'allemand par les Dʳˢ DOYON et SPILLMANN. 1 vol. gr. in-8.   8 fr.

Anatomie. Physiologie.

BELZUNG. Anatomie et physiologie animales. 12ᵉ édition, revue. 1 fort vol. in-8, avec 613 grav. dans le texte, broché, 6 fr. ; cart.   7 fr.

CHASSEVANT. Précis de chimie physiologique. 1 vol. gr. in-8, avec figures.   10 fr.

CYON (E. DE). **Les nerfs du cœur.** 1 vol. gr. in-8 avec fig.   6 fr.

DEBIERRE. Atlas d'ostéologie. 1 vol. in-4, avec 253 grav. en noir et en couleurs, cart. toile dorée.   12 fr.

DEMENY (G.). **Mécanisme et éducation des mouvements.** 4ᵉ éd. 1 vol. in-8, avec grav. cart.   9 fr.

DUPOUY (R.). **Les opiomanes.** *Mangeurs, buveurs et fumeurs d'opium.* 1 vol. in-8.   5 fr.

GELLÉ. L'audition et ses organes. 1 vol. in-8, avec grav.   6 fr.

GLEY (E.). **Études de psychologie physiologique et pathologique.** 1 vol. in-8, avec gravures.   5 fr.

JAVAL (E.). **Physiologie de la lecture et de l'écriture.** 1 vol. in-8. 2ᵉ édit.   6 fr.

LE DANTEC. L'unité dans l'être vivant. *Essai d'une biologie chimique.* 1 vol. in-8.   7 fr. 50

— **Les limites du connaissable.** *La vie et les phénomènes naturels.* 2ᵉ édit. 1 vol. in-8.   3 fr. 75

— **Traité de biologie.** 3ᵉ éd. 1 vol. grand in-8, avec fig. 15 fr.

RICHET (Ch.), professeur à la Faculté de médecine de Paris, **Dictionnaire de physiologie**, publié avec le concours de savants français et étrangers. Formera 12 à 15 volumes grand in-8, se composant chacun de 3 fascicules; chaque volume, 25 fr.; chaque fascicule, 8 fr. 50. Huit volumes parus.

TOME I (*A-Bac*). — TOME II (*Bac-Cer*). — TOME III (*Cer-Cob*). — TOME IV (*Cob-Dig*). — TOME V (*Dig-Fac*). — TOME VI (*Fiam-Gal*). — TOME VII (*Gal-Gra*). — TOME VIII (*Gra-Hys*).

SNELLEN. Échelle typographique pour mesurer l'acuité de la vision. 17ᵉ édition.   4 fr.

REVUE DE MÉDECINE

Directeurs: MM. les Professeurs BOUCHARD, de l'Institut; CHAUFFARD, CHAUVEAU, de l'Institut; LANDOUZY, de l'Institut; LÉPINE, correspondant de l'Institut; PITRES; ROGER et VAILLARD. Rédacteurs en chef : MM. LANDOUZY et LÉPINE. Secrétaire de la Rédaction : Jean LÉPINE. Secrétaire adjoint : R. Debré.

REVUE DE CHIRURGIE

Directeurs : MM. les Professeurs E. QUÉNU, Pierre DELBET, Pierre DUVAL, F. LEJARS, A. DESMONS, F. GROSS, E. FORGUE, VINCENT, Alexandre BÉRARD. Rédacteur en chef : E. QUÉNU. Secrétaire de la rédaction : X. DELORE.

La *Revue de médecine* et la *Revue de chirurgie* paraissent tous les mois; chaque livraison de la *Revue de médecine* contient de 5 à 6 feuilles grand in-8, *avec gravures*; chaque livraison de la *Revue de chirurgie* contient de 10 à 14 feuilles grand in-8, *avec gravures*.

33e année, 1914.

PRIX D'ABONNEMENT :

Pour la Revue de Médecine. Un an, du 1er janvier, Paris. 20 fr. — Départements et étranger. 23 fr. — La livraison : 2 fr.

Pour la Revue de Chirurgie. Un an, du 1er janvier, Paris. 30 fr. — Départements et étranger. 33 fr. — La livraison : 3 fr.

Les deux Revues réunies : un an, Paris, 45 fr.; départ. et étranger. 50 fr.

JOURNAL DE L'ANATOMIE

et de la Physiologie normales et pathologiques

de l'homme et des animaux.

Rédacteurs en chef : MM. les professeurs RETTERER et TOURNEUX. Avec le concours de MM. BRANCA, G. LOISEL et A. SOULIÉ.

50e année, 1914. — PARAIT TOUS LES DEUX MOIS.

ABONNEMENT, un an. : Paris, 30 fr.; départ et étr., 33 fr. La livr. 6 fr.

JOURNAL DE PSYCHOLOGIE

normale et pathologique

DIRIGÉ PAR LES DOCTEURS

Pierre JANET	ET	G. DUMAS
Membre de l'Institut,		Professeur à la Sorbonne.
Professeur au Collège de France.		

11e année, 1914. — PARAIT TOUS LES DEUX MOIS.

ABONNEMENT, un an. du 1er janvier, 14 fr. — La livraison, 2 fr. 60

Le prix est de 12 fr. pour les abonnés de la Revue philosophique.

REVUE ANTHROPOLOGIQUE

faisant suite à la *Revue de l'École d'Anthropologie de Paris.*

Recueil mensuel publié par les professeurs de l'École d'Anthropologie

ABONNEMENT, un an, du 1er janvier : France et Étranger, 10 fr

La livraison, 1 fr.

ÉCONOMIE POLITIQUE — SCIENCE FINANCIÈRE

COLLECTION DES ÉCONOMISTES
ET PUBLICISTES CONTEMPORAINS
FORMAT IN-8.

VOLUMES RÉCEMMENT PUBLIÉS

ARNAUNÉ (A.), ancien directeur de la Monnaie, conseiller maître à la Cour des Comptes, membre de l'Institut. La monnaie, le crédit et le change. 5ᵉ édition, revue et augmentée. 1 vol. in-8 . . . . 8 fr.
— Le commerce extérieur et les tarifs de douane. 1 vol. in-8 . . 8 fr.
BLOCH (R.) et CHAUMEL (H). Traité théorique et pratique des conseils de Prud'hommes. 1 vol. in-8 . . . . 12 fr.
LEROY-BEAULIEU (P.), de l'Institut. Traité de la science des finances. 8ᵉ édition, revue et augmentée. 2 forts vol. in-8 . . . . . 23 fr.
MARTIN (E.). Histoire financière et économique de l'Angleterre (1066-1902). 2 vol. in-8. 20 fr.
PINOT (P.) et COMOLET-TIRMAN (J.). Traité des retraites ouvrières. 2ᵉ éd., revue et mise à jour. 1 vol. in-8. . . . . 6 fr.
RAFFALOVICH (A.). Le marché financier (1912-1913). 1 vol. gr. in-8. 15 fr.

PRÉCÉDEMMENT PARUS

ANTOINE (Ch.). Cours d'économie sociale. 4ᵉ édition, revue et augmentée. 1 vol. in-8. 9 fr.
BLUNTSCHLI. Théorie générale de l'État, traduit de l'allemand par M. DE RIEDMATTEN. 3ᵉ édition. 1 vol. in-8. . . . . 9 fr.
COLSON (C.), de l'Institut. Cours d'économie politique, professé à l'École nationale des ponts et chaussées.
   Livre I. — *Théorie générale des phénomènes économiques.* 2ᵉ édition revue et augmentée. . . . . 6 fr.
   — II. — *Le travail et les questions ouvrières.* 3ᵉ tirage. . 6 fr.
   — III. — *La propriété des biens corporels et incorporels.* 2ᵉ tirᵉ. 6 fr.
   — IV. — *Les entreprises, le commerce et la circulation.* 2ᵉ tirᵉ. 6 fr.
   — V. — *Les finances publiques et le budget de la France.* . 6 fr.
   — VI. — *Les travaux publics et les transports.* . . . . . . 6 fr.
— SUPPLÉMENT ANNUEL aux *Livres IV, V et VI* (1911), broch. in-8. 1 fr.
COURCELLE-SENEUIL, de l'Institut. Traité théorique et pratique d'économie politique. 3ᵉ édition, revue et corrigée. 2 vol. in-18. 7 fr.
— Traité théorique et pratique des opérations de banque. *Dixième édition, revue et mise à jour,* par A. LIESSE, professeur au Conservatoire des arts et métiers. 1 vol. in-8. . . . . 9 fr.
COURTOIS (A.). Histoire des banques en France. 2ᵉ édition. 1 v. in-8. 8 fr. 50
EICHTHAL (Eugène d'), de l'Institut. La formation des richesses et ses conditions sociales actuelles, *notes d'économie politique.* . . 7 fr. 50
FIX (Th.). Observations sur l'état des classes ouvrières. In-8. . 5 fr.
HAUTEFEUILLE. Des droits et des devoirs des nations neutres en temps de guerre maritime. 3ᵉ édit. refondue. 3 forts vol. in-8. 22 fr. 50
— Histoire des origines, des progrès et des variations du droit maritime international. 2ᵉ édition. 1 vol. in-8. . . . . 7 fr. 50
LEROY-BEAULIEU (P.), de l'Institut. Traité théorique et pratique d'économie politique. 5ᵉ édition revue et augmentée. 5 vol. in-8. . 36 fr.
— Essai sur la répartition des richesses et sur la tendance à une moindre inégalité des conditions. 3ᵉ édit., revue et corrigée. 1 vol. in-8. 9 fr.
— L'État moderne et ses fonctions. 4ᵉ édition. 1 vol. in-8. . . 9 fr.
— Le collectivisme, *examen critique du nouveau socialisme.* — *L'Évolution du Socialisme depuis 1895.* — *Le syndicalisme.* 5ᵉ édit., revue et augmentée. 1 vol. in-8. . . . . 9 fr.
— De la colonisation chez les peuples modernes. 6ᵉ édition. 2 vol. in-8. 20 fr.
LIESSE (A.), professeur au Conservatoire national des arts et métiers. Le travail aux points de vue scientifique, industriel et social. 1 vol. in-8. . . . . 7 fr. 50

MARTIN-SAINT-LÉON (E.), conservateur de la bibliothèque du Musée Social. Histoire des corporations de métiers, *depuis leurs origines jusqu'à leur suppression en 1791.* 2ᵉ éd., revue. 1 fort vol. in-8. (Couronné par l'Académie française) . . . . 10 fr.

NEYMARCK (A.). Finances contemporaines. — Tome I. *Trente années financières, 1872-1901.* 1 vol. in-8, 7 fr. 50. — Tome II. *Les budgets, 1872-1903.* 1 vol. in-8, 7 fr. 50. — Tome III. *Questions économiques et financières, 1872-1904.* 1 vol. in-8, 10 fr. — Tomes IV-V : *L'obsession fiscale, questions fiscales, propositions et projets relatifs aux impôts depuis 1871 jusqu'à nos jours.* 2 vol. in-8. — Tomes VI et VII. *L'épargne française et les valeurs mobilières (1872-1910).* 2 vol. in-8. . . . 15 fr.

NOVICOW (J.). Le problème de la misère et les phénomènes économiques naturels. 1 vol. in-8. . . . . 7 fr. 50

PASSY (H.), de l'Institut. Des formes de gouvernement et des lois qui les régissent. 2ᵉ édition. 1 vol. in-8. . . . . 7 fr. 50

PAUL-BONCOUR. Le fédéralisme économique et le syndicalisme obligatoire, préface de WALDECK-ROUSSEAU. 1 vol. in-8. 2ᵉ édit . . 6 fr.

RAFFALOVICH (A.). Le marché financier. Années 1891. 1 vol. 5 fr. ; 1892, 1 vol. 5 fr. ; 1893 à 1894, *épuisés* ; 1894-1895 à 1896-1897, chacune 1 vol. 7 fr. 50 ; 1897-1898 et 1898-1899, chacune 1 vol. 10 fr. ; 1899-1900 à 1901-1902, *épuisés* ; 1902-1903 à 1911-1912, chacune 1 vol.. . . 12 fr. ; 1912-1913. . . . . 15 fr.

RICHARD (A.). L'organisation collective du travail, préface par Yves Guyot. 1 vol. grand in-8. . . . . 6 fr.

ROSSI (P.), de l'Institut. Cours d'économie politique, 5ᵉ éd. 4 v. in-8. 15 fr.
— Cours de droit constitutionnel, 2ᵉ édition. 4 vol. in-8. . . . 15 fr.

STOURM (R.), de l'Institut. Les systèmes généraux d'impôts. 3ᵉ édition, revisée et mise au courant. 1 vol, in-8 . . . . 10 fr.
— *Cours de finances.* Le budget, son histoire et son mécanisme. 7ᵉ édition, revue et mise au courant. 1 vol. in-8. . . . . 10 fr.

VILLEY (Ed.). Principes d'économie politique. 3ᵉ édit. 1 vol. in-8. 10 fr.

WEULERSSE (G.). Le mouvement physiocratique en France de 1856 à 1870. 2 vol. in-8. . . . . 25 fr.

BIBLIOTHÈQUE DES SCIENCES MORALES ET POLITIQUES

VOLUMES RÉCEMMENT PUBLIÉS.

GEORGES-CAHEN. Le logement dans les villes. 1 vol. in-16. . . 3 fr. 50

Concentration des entreprises industrielles et commerciales (La), par A. FONTAINE, L. MARCH, P. DE ROUSIERS, F. SAMAZEUILH, A. SAYOUS, G. VEILLAT, P. WEISS. 1 vol. in-16. . . . . 3 fr. 50

DUGUIT (L.). Les transformations générales du droit privé depuis le code Napoléon. 1 vol. in-16. . . . . 3 fr. 50

Femme (La). *Sa situation réelle. Sa situation idéale,* par J. A. THOMSON, AIMÉ THOMSON, Mᵐᵉ L. I. LUMSDEN, Mᵐᵉ LENDRUM, Mˡˡᵉ SHEAVYN, M. T. S. CLOUSTON, Mˡˡᵉ F. MELVILLE, Mˡˡᵉ E. PEARSON, M. R. LODGE, Préface de Sir OLIVER LODGE. 1 vol. in-16. . . . . 3 fr. 50

Grands marchés financiers (Les). *France (Paris et province), Londres, Berlin, New-York,* par A. AUPETIT, L. BROCARD, J. ARMAGNAC, G. DELAMOTTE, G. AUBERT. 1 vol. in-16. . . . . 3 fr. 50

GUYOT (YVES). La gestion par l'État et les municipalités. 1 vol. in-16 . . . . 3 fr. 50

LANESSAN (J.-L. de). Nos forces militaires. 1 vol. in-16. . . 3 fr. 50

LAYCOCK (F. U.). L'économie politique dans une coque de noix. Trad. par Mˡˡᵉ DIDIER. Introduction de *Yves Guyot.* 1 vol. in-16. . 3 fr. 50

MORIDE (P.). Les maisons à succursales multiples en *France et à l'étranger.* 1 vol. in-16. 3 fr. 50

PAYEN (E.). La réglementation du travail réalisée ou projetée. *Ses illusions, ses dangers.* 1 vol. in-16. . . . . 3 fr. 50

VANDERVELDE (E.). La coopération neutre et la coopération socialiste. 1 vol. in-16. . . . . 3 fr. 50

PRÉCÉDEMMENT PARUS

ANTONELLI (E.). **Les actions de travail dans les sociétés anonymes à participation ouvrière.** Préface d'Aristide BRIAND. 1 vol. in-16.   2 fr. 50

AUCUY (M.). **Les systèmes socialistes d'échange.** 1 vol. in-16.   3 fr. 50

BASTIAT (Frédéric). **Œuvres complètes,** précédées d'une *Notice sur sa vie et ses écrits.* 7 vol. in-18.   24 fr. 50

    1. *Correspondance. — Premiers écrits.* 3e édition, 3 fr. 50; — II. *Le Libre-Échange.* 3e édition, 3 fr. 50; — III. *Cobden et la Ligue.* 4e édition, 2 fr. 50; — IV et V. *Sophismes économiques. — Petits pamphlets.* 6e édit. 2 vol. ensemble, 7 fr.; —, VI. *Harmonies économiques.* 9e édition, 3 fr. 50; — VII. *Essais. — Ébauches. — Correspondance.*   3 fr. 50

BELLET (D.). **Le chômage et son remède.** Préface de Paul LEROY-BEAULIEU. 1 vol. in-16.   3 fr. 50

BOURDEAU (J.). **Entre deux servitudes.** *Démocratie, socialisme, syndicalisme, impérialisme,* etc. 1 vol. in-16.   3 fr. 50

BROUILHET (Ch.). **Le conflit des doctrines dans l'économie politique contemporaine.** 1 vol. in-16.   3 fr. 50

CHALLAYE. **Syndicalisme révolutionnaire et syndicalisme réformiste.** 1 vol. in-16.   2 fr. 50

COURCELLE-SENEUIL (J.-G.). **Traité théorique et pratique d'économie politique.** 3e édit. 2 vol. in-18.   7 fr.

— **La société moderne.** 1 vol. in-18.   5 fr.

DEPUICHAULT. **La fraude successorale par le procédé du compte-joint.** Préface de M. Paul LEROY-BEAULIEU. 1 vol. in-16.   3 fr. 50

DOLLEANS. **Robert Owen (1771-1858).** 1 vol. in-18.   3 fr. 50

DUGUIT (L.) **Le droit social, le droit individuel et la transformation de l'État.** 1 vol. in-16, 2e édit.   2 fr. 50

EICHTHAL (E. D'), de l'Institut. **La liberté individuelle du travail et les menaces du législateur.** 1 vol. in-16.   2 fr. 50

Forces productives de la France (Les), par MM. P. BAUDIN, P. LEROY-BEAULIEU, MILLERAND, ROUME. J. THIERRY, E. ALLIX, J.-C. CHARPENTIER, H. DE PEYERIMHOFF, P. DE ROUSIERS, D. ZOLLA. 1 vol. in-16.   3 fr. 50

GAUTHIER (A.-E.), sénateur, ancien ministre. **La réforme fiscale par l'impôt sur le revenu.** 1 vol. in-18.   3 fr. 50

GUYOT (Yves). **Les chemins de fer et la grève.** 1 vol. in-16.   3 fr. 50

LACHAPELLE (G.). **La représentation proportionnelle en France et en Belgique.** 1 vol. in-16.   3 fr. 50

LESEINE (L.) et SURET (L.). **Introduction mathématique à l'étude de l'économie politique.** 1 vol. in-16 avec figures.   3 fr.

LIESSE, professeur au Conservatoire des arts et métiers. **La statistique,** ses difficultés, ses procédés, ses résultats. 2e éd. 1 vol. in-18.   2 fr. 50

— **Portraits de financiers.** OUVRARD, MOLLIEN, GAUDIN, BARON LOUIS. CORVETTO, LAFFITE, DE VILLÈLE. 1 vol. in-18   3 fr. 50

MARGUERY (E.). **Le droit de propriété et le régime démocratique.** 1 vol. in-18.   2 fr. 50

MAURY (F.). **Le port de Paris.** 3e édit. 1 vol. in-16.   3 fr. 50

MERLIN (R.), bibl.-th. archiviste du Musée social. **Le contrat de travail, les salaires, la participation aux bénéfices.** 1 v. in-18.   2 fr. 50

MILHAUD (Mlle Caroline). **L'ouvrière en France** 1 vol. in-18.   2 fr. 50

MILHAUD (E.). **L'imposition de la rente.** *Les engagements de l'État, les intérêts du crédit public, l'égalité devant l'impôt.* 1 vol. in-16. 3 fr. 50

MOLINARI (G. DE) **Questions économiques à l'ordre du jour.** In-18. 3 fr. 50

— **Les problèmes du XXe siècle.** 1 vol. in-18.   3 fr. 50

— **Théorie de l'évolution** *Économie de l'histoire.* 1 vol. in-16.   3 fr. 50

NOUEL (R.). **Les sociétés par actions,** *leur réforme,* préface de P. BAUDIN. 1 vol. in-16.   3 fr. 50

PAWLOWSKI (A.). **La Confédération générale du travail.** Préface de J. BOURDEAU. 1 vol. in-16.   2 fr. 50

— **Les syndicats jaunes.** 1 vol. in-16.   2 fr. 50

— **Les syndicats féminins et les syndicats mixtes en France.** 1 vol. in-16.   2 fr. 50

PIC (P.), prof. à la Faculté de droit de Lyon. La protection légale des travailleurs et le droit international ouvrier. 1 vol. in-16 . . . 2 fr. 50
Politique budgétaire en Europe (La) par MM. A. Lebon, G. Blondel, R.-G. Lévy, A. Raffalovich, C. Laurent, C. Picot, H. Gans. 1 vol. in-16 . . . . 3 fr. 50
RICHARD (M.). Le régime minier. 1 vol. in-18. . . . . 3 fr. 50
STUART MILL (J.). Le gouvernement représentatif. Traduction et Introduction, par M. Dupont-White. 3e édition. 1 vol. in-18. 4 fr.

COLLECTION
D'AUTEURS ÉTRANGERS CONTEMPORAINS

Histoire — Morale — Économie politique — Sociologie

Format in-8. (Pour le cartonnage, 1 fr. 50 en plus.)

BAMBERGER. — Le Métal argent au XIXe siècle. . . . . 6 fr. 50
C. ELLIS STEVENS. — Les Sources de la Constitution des États-Unis étudiées dans leurs rapports avec l'histoire de l'Angleterre et de ses Colonies. Traduit par Louis Vossion. . . . . 7 fr. 50
GOSCHEN. — Théorie des Changes étrangers. Traduction et préface de M. Léon Say. Quatrième édition française suivie du Rapport de 1875 sur le paiement de l'indemnité de guerre, par le même. . 7 fr. 50
HOWELL. — Le Passé et l'Avenir des Trade Unions. Questions sociales d'aujourd'hui. Trad. et préf. de M. Le Cour Grandmaison. 5 fr. 50
KIDD. — L'évolution sociale. Traduit par M. P. Le Monnier. 7 fr. 50
RUMELIN. — Problèmes d'Économie politique et de Statistique. 7 fr. 50
SCHULZE GAVERNITZ. — La grande Industrie. . . . . . . 7 fr. 50
W. A. SHAW. — Histoire de la Monnaie (1252-1894). . . . . . 7 fr. 50
THOROLD ROGERS. — Histoire du Travail et des Salaires en Angleterre depuis la fin du XIIIe siècle. . . . . 7 fr. 50
WESTERMARCK. — Origine du Mariage dans l'espèce humaine. 11 fr.

DICTIONNAIRE DU COMMERCE
DE L'INDUSTRIE ET DE LA BANQUE

DIRECTEURS :
MM. Yves GUYOT et Arthur RAFFALOVICH

2 volumes grand in-8. Prix, brochés. . . . . 50 fr.
— — reliés. . . . . 58 fr.

NOUVEAU DICTIONNAIRE
D'ÉCONOMIE POLITIQUE

PUBLIÉ SOUS LA DIRECTION DE
M. LÉON SAY et de M. JOSEPH CHAILLEY-BERT
Deuxième édition.

2 vol. grand in-8 raisin et un Supplément : prix, brochés. . . . . . 60 fr.
— — demi-reliure chagrin. . . . . 69 fr.
COMPLÉTÉ PAR 3 TABLES : Table des auteurs, Table méthodique et Table analytique.

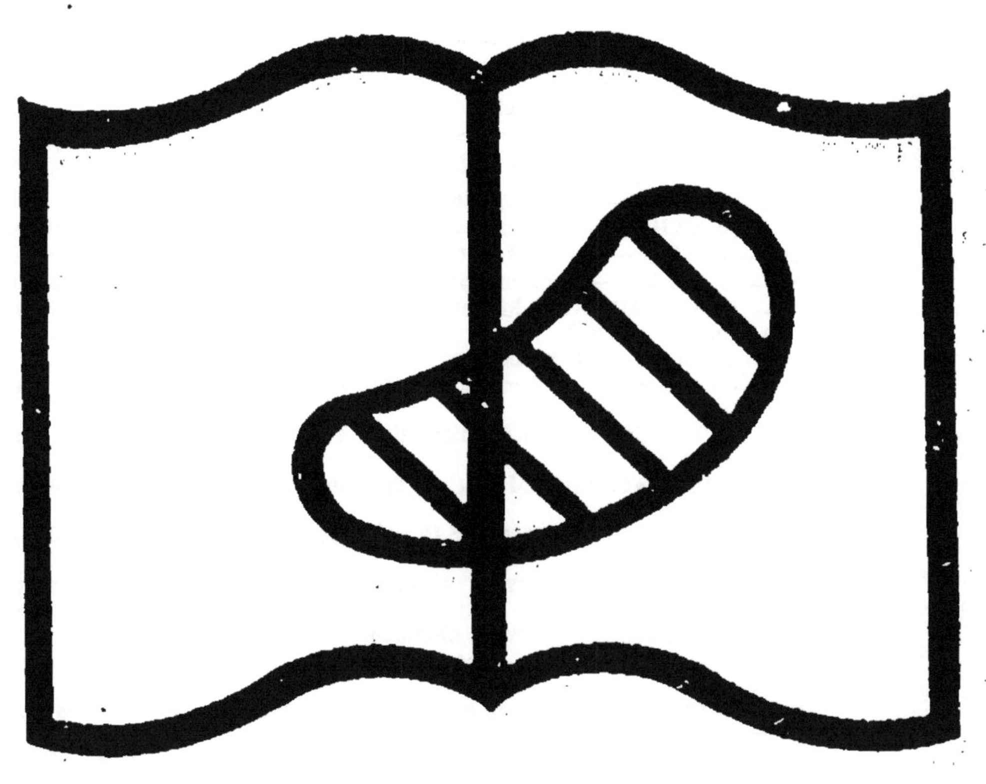

PETITE BIBLIOTHÈQUE
ÉCONOMIQUE
FRANÇAISE ET ÉTRANGÈRE
PUBLIÉE SOUS LA DIRECTION DE M. J. CHAILLEY-BERT

Prix de chaque volume in-32, orné d'un portrait
Cartonné toile. . . . . **2 fr. 50**

18 volumes publiés :

I. — VAUBAN. — **Dîme royale**, par G. MICHEL.
II. — BENTHAM. — **Principes de Législation**, par Mlle RAFFALOVICH.
III. — HUME. — **Œuvre économique**, par Léon SAY.
IV. — J.-B. SAY. — **Économie politique**, par H. BAUDRILLART, de l'Institut.
V. — ADAM SMITH. — **Richesse des Nations**, par COURCELLE-SENEUIL, de l'Institut. 2e édit.
VI. — SULLY. — **Économies royales**, par J. CHAILLEY-BERT.
VII. — RICARDO. — **Rentes, Salaires et Profits**, par P. BEAUREGARD, de l'Institut.
VIII. — TURGOT. — **Administration et Œuvres économiques**, par L. ROBINEAU.
IX. — JOHN STUART MILL. — **Principes d'économie politique**, par L. ROQUET.
X. — MALTHUS. — **Essai sur le principe de population**, par G. de MOLINARI.
XI. — BASTIAT. — **Œuvres choisies**, par de FOVILLE, de l'Institut. 2e édit.
XII. — FOURIER. — **Œuvres choisies**, par Ch. GIDE.
XIII. — F. LE PLAY. — **Économie sociale**, par F. AUBURTIN. Nouvelle édit.
XIV. — COBDEN. — **Ligue contre les lois-céréales et Discours politiques**, par Léon SAY, de l'Académie française.
XV. — KARL MARX. — **Le Capital**, par VILFREDO PARETO. 4e édit.
XVI. — LAVOISIER. — **Statistique agricole et projets de réformes**, par SCHELLE et Ed. GRIMAUX, de l'Institut.
XVII. — LÉON SAY. — **Liberté du Commerce, finances publiques**, par J. CHAILLEY-BERT.
XVIII. — QUESNAY. — **La Physiocratie**, par Yves GUYOT.

Chaque volume est précédé d'une introduction et d'une étude biographique, bibliographique et critique sur chaque auteur.

BIBLIOTHÈQUE
DE LA
LIGUE DU LIBRE ÉCHANGE

Prix de chaque vol. in-32, cartonné toile. . . . . . . **2 fr.**

Volumes parus :

GUYOT (Yves). **L'A B C du libre-échange.**
SCHELLE (G.). **Le bilan du protectionnisme en France.**

HISTOIRE UNIVERSELLE DU TRAVAIL

PUBLIÉE SOUS LA DIRECTION
de **G. RENARD**, professeur au Collège de France.

Sera publiée en 12 volumes

Chaque volume in-8, avec gravures. . . . . **5 fr.**

Volumes parus :

NOGARO (B.) et OUALID (W.). L'évolution du commerce, du crédit et des transports depuis cent cinquante ans. 1 vol. avec 23 gravures.
PAUL LOUIS. Le travail dans le monde romain. 1 vol, avec 41 gravures.
RENARD (G.) et DULAC (A.). L'évolution industrielle et agricole depuis cent cinquante ans. 1 vol. avec 31 gravures.

REVUE PHILOSOPHIQUE

DE LA FRANCE ET DE L'ÉTRANGER

DIRIGÉE par **Th. RIBOT**
Membre de l'Institut, Professeur honoraire au Collège de France.

39e année, 1914. — PARAIT TOUS LES MOIS.

Abonnement :

Un an, du 1er janvier : Paris, **30 fr.** ; Départ. et Etranger, **33 fr.**
La livraison, **3 fr.**

JOURNAL DES ÉCONOMISTES

73e ANNÉE, 1914.

Parait . . . 5 de chaque mois par fasc. grand in-8 de 180 à 192 pages.

RÉDACTEUR EN CHEF : **M. YVES GUYOT**

Ancien ministre,
Président de la Société d'Economie politique.

ABONNEMENT :

France et Algérie : UN AN. . . . . . **36 fr.** ; SIX MOIS. . . . . . . **19 fr.**
Union postale : UN AN. . . . . **38 fr.** ; SIX MOIS. . . . . . . **20 fr.**
LE NUMÉRO. . . . . **3 fr. 50**

Les abonnements partent de Janvier, Avril, Juillet ou Octobre.

REVUE HISTORIQUE

Fondée par G. MONOD,
Dirigée par MM. Ch. BÉMONT, archiviste paléographe,
et Chr. PFISTER, professeur à la Sorbonne.

(40e année, 1914). — Parait tous les deux mois.

Abonnement du 1er janvier, un an : Paris, 30 fr. — Départem
étranger, 33 fr. — La livraison, 6 fr.

BIBLIOTHÈQUE DE PHILOSOPHIE CONTEMPORAINE

Extrait du Catalogue

PHILOSOPHIE RELIGIEUSE

ARRÉAT. — **Les croyances de demain.** 1 vol. in-16 . . . . 2 fr. 50
— **Le sentiment religieux en France.** 1 vol. in-16 . . . . 2 fr. 50
BONET-MAURY. — **L'unité morale des religions.** 1 vol. in-16 . . . 2 fr. 50
BOS. — **Psychologie de la croyance.** 2ᵉ édit. 1 vol. in-16 . . . . 2 fr. 50
BOURDEAU, de l'Institut. — **Pragmatisme et modernisme.** 1 vol. in-16. 2 fr. 50
CARRAU. — **La philosophie religieuse en Angleterre.** 1 vol. in-8 . . . . 5 fr.
COIGNET. — **L'évolution du protestantisme français au XIXᵉ siècle.** 1 vol. in-16 . . . . 2 fr. 50
DAVID (Alexandra). — **Le modernisme bouddhiste et le bouddhisme de Bouddha.** 1 vol. in-8 . . . . 5 fr.
DELACROIX. — **Études d'histoire et de psychologie du mysticisme.** *Les grands mystiques chrétiens.* 1 vol. in-8. 10 fr.
DUGAS. — **Penseurs libres et liberté de pensée.** 1 vol in-16 . . . . 2 fr. 50
DURKHEIM. — **Les formes élémentaires de la vie religieuse.** *Le système totémique en Australie.* (Travaux de l'Année Sociologique publiés sous la direction de M. Émile Durkheim). 1 vol. in-8, avec 1 carte. . . . . 10 fr.
GOURD. — **Philosophie de la religion.** Préface de E. Boutroux, de l'Académie française. 1 vol. in-8 . . . . . 5 fr.
GUYAU. — **L'irréligion de l'avenir.** 16ᵉ édit. 1 vol. in-8 . . . . . 7 fr. 50
HARTMANN (de). — **La religion de l'avenir.** 7ᵉ édit. 1 vol. in-16. 2 fr. 50
HÉBERT. — **L'évolution de la foi catholique.** 1 vol. in-8 . . . . . . 5 fr.
— **Le divin.** *Expériences et hypothèses, études psychologiques.* 1 vol. in-8. 5 fr.
HÖFFDING. — **Philosophie de la religion.** Trad. Schlegel. 1 vol. in-8. . 7 fr. 50
HUBERT et MAUSS. — **Mélanges d'histoire des religions.** (*Travaux de l'Année sociologique publiés sous la direction de M. Émile Durkheim*). 1 vol. in-8. 5 fr.
JOUSSAIN. — **Romantisme et religion.** (*Récompensé par l'Institut*). 1 vol. in-16 . . . . 2 fr. 50
LA GRASSERIE (de). — **De la psychologie des religions.** 1 vol. in-8 . 5 fr.
LAHY. — **La morale de Jésus.** *Sa part d'influence dans la morale actuelle.* 1 vol. in-16 . . . . 2 fr. 50

LANESSAN (de). — **La morale des religions.** 1 vol. in-8 . . . . . . 10 fr
LEUBA. — **La psychologie des phénomènes religieux.** Trad. par L. Cons. 1 vol. in-8 . . . . 7 fr. 5
LYON (G.). — **Enseignement et religion.** *Études philosophiques.* 1 vol in-8 . . . . 3 fr. 7
MÜLLER (Max). — **Nouvelles études de mythologie.** Traduit de l'anglais par L. Job. 1 vol. in-8 . . . . . 12 fr 5
OLDENBERG. — **La religion du Véda.** Traduction et préface par V. Henry, professeur à la Sorbonne. 1 vol in-8 . . . . 10 fr
— **Le Bouddha, sa vie, sa doctrine, sa communauté.** Traduit de l'allemand par P. Foucher. Préface de Sylvain Lévi. 2ᵉ édit. 1 vol. in-8 . . . . . . 7 fr. 5
OSSIP-LOURIÉ. — **Croyance religieuse et croyance intellectuelle.** 1 vol in-16 . . . . 2 fr. 5
RÉCÉJAC. — **Essai sur les fondements de la connaissance mystique.** 1 vol in-8 . . . . 5 fr
REGNAUD. — **Comment naissent les mythes.** 1 vol. in-16 . . . . . 2 fr. 5
REVAULT D'ALLONNES. — **Psychologie d'une religion.** *Guillaume Monod (1860-1896).* 1 vol. in-8 . . . . . 5 fr
REVILLE. — **Histoire du dogme de la divinité de Jésus-Christ.** 4ᵉ édit., revue. 1 vol. in-16 . . . . 2 fr. 5
ROGUES DE FURSAC. — **Un mouvement mystique contemporain.** *Le réveil religieux au Pays de Galles (1904-1905).* 1 vol. in-16 . . . . 2 fr. 5
SCHOPENHAUER. — **Sur la religion.** Traduction Dietrich. 2ᵉ édit. 1 vol in-16 . . . . 2 fr. 5
STAPFER. — **Questions esthétiques et religieuses.** 1 vol. in-8 . . . 3 fr.
STUART MILL. — **Essais sur la religion.** Traduction Cazelles. 4ᵉ édit. 1 vol in-8 . . . . 5 fr
SULLY PRUDHOMME, de l'Académie française. — **La vraie religion selon Pascal.** 1 vol. in-8 . . . . . . 7 fr. 5
SWIFT (Paterson). — **L'éternel conflit.** Trad. de l'angl. par G. Milo. 1 vol. in-16 . . . . 2 fr. 5
VACHEROT de l'Institut. — **La religion.** 1 vol. in-8 . . . . 7 fr.

www.ingramcontent.com/pod-product-compliance
Ingram Content Group UK Ltd.
Pitfield, Milton Keynes, MK11 3LW, UK
UKHW020150130726
13696UKWH00002B/442